대기업 26년차 작가가 알려주는 자기계발 솔루션

샐러던트 아웃풋 스킬

이 세 훈 지음

대경북스

1판 1쇄 인쇄 2021년 11월 15일
1판 1쇄 발행 2021년 11월 20일

지은이 이세훈

발행인 김영대
펴낸 곳 대경북스
등록번호 제 1-1003호
주소 서울시 강동구 천중로42길 45(길동 379-15) 2F
전화 (02)485-1988, 485-2586~87
팩스 (02)485-1488
홈페이지 http://www.dkbooks.co.kr
e-mail dkbooks@chol.com

ISBN 978-89-5676-874-8

들어가는글

아웃풋 샐러던트 프레임의 창출을 위하여

　포스트 코로나의 급변하는 조직 환경에서 기업은 경쟁력을 갖추기 위해 인적 자원의 중요성을 인식하고, 조직 구성원들의 능력 향상을 위하여 많은 관심과 노력을 기울이고 있다. 개인 또한 스스로 고용 경쟁력을 갖추고 조직에서 좋은 성과를 내기 위해 주도적으로 또 자율적으로 자기계발을 위해 노력하고 있다.

　직장인이 자기계발을 하는 목적은 현재 처해 있는 문제를 해결하고 자신을 더 성장시키기 위해서다. 자기계발이 중요한 이유는 결국 스스로 성장하지 않으면 안 되기 때문이다. 자기계발이란 수동적인 것이 아니라 자기 스스로 부족한 점을 파악하고 목표 달성을 위해 능동적으로 노력하는 것을 말한다. 자기계발을 통해 스스로 성장함으로써 자신이 원하는 목표에 쉽게 빨리 도달할 수 있다.

리더십 연구계의 권위자이며, 누적 판매 2,000만 권에 달하는 베스트셀러를 집필한 존 맥스웰(John C Maxwell)의 삶을 바꾼 하나의 질문은 이것이었다고 한다.

"존, 개인적으로 성장하기 위해서 어떤 전략과 계획을 갖고 있나?"

존 맥스웰은 당시 리더십 연구자로 활발한 활동을 하고 있었음에도 개인의 성장을 위한 구체적인 계획은 없었다. 자기계발의 전도사조차 구체적인 계획을 가지고 실천하지 않고 있었던 것이다.

이 글을 읽는 당신은 혹시 자기계발을 위한 어떤 전략과 구체적인 계획을 갖고 있는가?

한편 모든 사람이 자기계발을 위한 노력을 하느냐 하면 그렇지는 않다. 직장인들이 자기계발의 필요성을 알면서도 실천에 옮기지 못하는 주된 이유는 바로 직장 생활 병행으로 인한 자기계발을 위한 시간 부족 때문이다.

자기계발에 전략이라는 거창한(?) 용어를 가져다 붙이는 데 거부감이 생기는가? 전략은 선택과 집중의 다른 말이다. 직장 업무를 병행하면서 악어 눈물만큼 한정된 시간 내에 당면 문제를 해결할 수 있는 자기계발에 집중할 필요가 있다. 직장 업무와 자기계발이 따로국밥으로 동떨어져서는 소기의 목적을 달성할 수 없다. 이것이 바로 직장인의 업무 역량 향상과 자기계발의 연결고리를 찾아야 되는 이유이기도 하다.

주목해야 할 것은 아웃풋 중심의 독서 프로세스와 직장인의 보고서 쓰기의 과정은 본질적으로 같다는 사실이다. 읽기에 주력하는 인풋 중심의 취미형 독서도 필요하지만, 문제 해결과 자기 성장을 위해서는 아웃풋 중심의 독서를 함으로써 보고서 쓰기 과정을 현실에서 시뮬레이션할 수 있다.

동시에 당면한 이슈를 해결하는 솔루션을 찾거나 자기 성장에 도움이 될 만한 효과적인 프레임과 효율적인 스킬이 필요하다. 다른 사람과 비슷한 인풋(Input)을 입력할 때 더 나은 아웃풋(Output)이 출력되는 '구조'를 확보하는 것이 중요하다.

자기계발을 통해 개인의 역량이 최대한 발휘될 수 있는 구조. 이 구조가 존재한다면 이는 개인의 역량 확보를 위한 소중한 자산이 된다. 필자는 이를 '아웃풋 샐러던트 프레임'이라고 표현한다. 이 책을 통해 직장생활을 하면서 스스로 성장할 수 있는 인풋 아웃풋 프레임과 영역별로 유용한 스킬들을 제시하고자 한다.

2021년 10월

저자 이 세 훈

차 | 례

제3장 보고서와 기획서로 설득하고 승부하라

제4장 모든 태스크에 스코어를 부여하라

제5장 자기계발, 아웃풋 중심으로 전환하라

제6장 대인관계로 성장의 발판을 마련하라

제1장

언제까지 인풋만 할래?

직장인, 언제까지 공부만 할래?

코로나 19 확산 이후 직장인들의 퇴근 후 라이프 스타일도 달라졌다. 회사 회식과 각종 오프라인 모임이 취소되면서 집에 머물러 있는 시간이 늘어났기 때문이다. 자극적인 유튜브 영상이나 흥미진진한 게임도 계속하다 보면 머지 않아 싫증이 나기 마련이다. 최근에 직장인 사이에서는 남는 시간에 자기계발이나 학습을 하는 '샐러던트(Saladent)'가 부쩍 인기를 끌고 있다. 직장인들은 왜 자청하여 샐러던트로 살아가는 걸까?

샐러던트는 직장인을 의미하는 '샐러리맨(Salary man)'과 학생을 의미하는 '스튜던트(Student)'를 합성한 신조어이다. 한 마디로 '공부하는 직장인'을 의미한다. 샐러던트는 자기계발을 위한 직장인의 노력을 뜻하지만, 한편으로는 무한 경쟁 사회에서 생존하고 성장하고픈 직장인의 현실을 동시에 반영하고 있다.

구직 전문 사이트에서 직장인을 상대로 설문 조사한 결과 직장인의 70% 이상이 '항상 자기계발을 해야 한다'고 답했다. 자기계발에 월평균 17만 원 이상을 지출하며, 일주일에 평균 5시간 정도를 할애하는 것으로 나타났다. 직장인 과반수 이상이 자기계발도 경쟁의 일환으로 의무적으로 해야 한다고 인식하는 씁쓸한 현실을 보여주고 있다.

그렇다면 샐러던트들은 주로 무슨 학습을 하고 있을까? 크게 두 가지다. 직장 업무에 도움이 되기 위해 직무와 관련된 공부를 하는 것과 자기계발을 위한 학습을 하는 것이다. 그동안 영어나 중국어 등 어학 공부를 하는 직장인은 많았지만, 코로나19 상황에 접어들면서 집에서 혼자 즐기는 취미를 위한 자기계발 비중도 높아졌다. 해외여행을 갈 기회가 줄어들면서 관심의 방향이 달라진 것이다. 불안정한 삶에 대비책을 마련하기 위해 전문 자격증을 공부하는 이들도 증가하고 있는 추세다.

여전히 영어와 중국어 학원에서는 점심시간 클래스를 운영하며 직장인 수강생들의 발길을 붙잡고 있다. 야간 대학교 대학원과 평생교육원 등에서는 샐러던트를 위한 주말 학사, 석사학위 취득 과정도 증설 운영하고 있다. 직장인을 위한 온·오프라인 모임도 인기다. 독서 모임, 낭독 모임, 영어회화 모임, 퇴사를 준비하는 모임 등 분야도 다양하다. 기존에는 독학과 온라인 강의가 인기였지만, 코로나 언택트(Untact) 상황에서 줌 온라인(Zoom Online)으로 모여 함께 공부하는 '온택트 샐러던트(Ontact Saladent)'도 증가하고 있다.

직장인의 자기계발을 지원하는 공유 오피스, 스터디 카페, 공부 습관을 잡아주는 각종 어플리케이션 등 다양한 온·오프라인 서비스의 등장도 직장인들의 공부 욕구를 자극하고 있다. 직장인 자기계발의 붐 시대에 살고 있다고 해도 과언이 아니다. 1997년 IMF사태 이후 구조조정 상시화로 평생이 보장되는 직업이 줄다 보니 이직·승진·연봉협상을 위해 미리 공부하며 준비하는 '샐러던트'로 살아가는 게 선택을 넘어 필수가 되고 있다.

'대학입시까지는 오로지 지적 인풋 능력으로 겨뤘지만 사회에 나가면 지적 아웃풋 능력으로 겨루게 된다.
대학이란 지적 인풋 능력을 지적 아웃풋 능력으로 전환시켜가는 장인 것이다.'

출처 : 《뇌를 단련하다》 391 페이지

지성의 거장이자 이 시대 최고의 제너럴리스트, 다치바나 다카시는 《뇌를 단련하다》, 《21세기 지(知)의 도전》, 《도쿄대생은 바보가 되었는가》 등 일련의 저작들을 통해, 21세기를 살아가는 데 필요한 진정한 교양과 지식이 무엇인가에 대해 끊임없이 발

언해왔다. 그의 저서《뇌를 단련하다》에서는 지성을 단련하지 않는 학생들과 함량 미달의 대학 교양교육을 향해 따가운 일침을 놓고 있다. 그렇다면 우리는 일본과 달리 대학에서 지적 인풋 능력을 지적 아웃풋 능력으로 제대로 전환하는 과정을 거쳐 왔다고 자부할 수 있는가?

대학 졸업 학위가 있든 혹은 대학 학력에 해당하는 공부를 했든지 그건 중요한 문제가 아니다. 중요한 포인트는 지적 인풋 능력을 아웃풋 능력으로 전환시켜 사회에 나와서 지적 아웃풋 능력으로 제대로 겨루고 있느냐이다.

대학 공부 외에 피곤한 직장 생활을 병행하면서 어렵사리 진행해온 공부와 자기계발을 실제로 아웃풋 중심으로 하고 있는가? 포스트 코로나 시대, 유사 이래 장기 불황, 무한 경쟁에서 생존하고도 남을 지적 아웃풋 역량을 갖추고 있는가?

샐러던트 성장과 아웃풋과의 관계

평생직장 개념이 사라진 포스트 코로나 시대에 자기 혁신을 하지 않고 안전지대에 머무르는 직장인은 기업의 구조조정 1순위 대상일 가능성이 그 어느 때보다 높다. 지금 어떻게 하느냐에 따라 3년 후, 5년 후, 10년 후 당신의 직급과 직책이 결정된다. 안전지대에 머무를 것인가, 회사에서 놓치고 싶지 않은 인재로 한걸음 나아갈 것인가. 순수하게 학문을 갈고 닦는 대학생이 아니라면 무한경쟁 속에서 생존을 위한 직장인의 공부는 어떻게 달라야 할까?

지적 인풋 능력을 지적 아웃풋 능력으로 전환하는 실질적인 학습이 필요하다. 인풋이란 읽기와 듣기 오감을 활용해서 뇌와 심장으로 흡수하는 것이고, 아웃풋은 손으로 쓰고, 입으로 말하고, 발과 온몸을 움직여 행동하는 일련의 과정이다.

직장인의 관점에서 아웃풋은 보고서와 기획서를 쓰고, 작성한 내용을 발표하고, 회의에서 자신의 의견을 내고, 상사나 고객을 설득하고, 개선 대책 등을 실행하는 일련의 과정이다. 직장인의 자기계발은 뜬구름 잡는 막연한 것이 아니라 아웃풋을 잘하기 위해 필요한 것들을 효율적으로 입력하고 효과적으로 출력하는 과정이다. 자신의 업무 역량을 키워 성장하는 데 꼭 필요한 자기계발과 선택적인 학습이 필요하다.

직장인의 취미 혹은 자기계발 도구로 단골 메뉴처럼 등장하는 것이 독서다. 인풋의 양을 늘리기 위한 '1,000권 독서', '속독법' 등이 여전히 인기를 끌고 있다. 그렇다면 1주 일에 한 권씩 읽고 한 권씩 아웃풋하는 사람과 1주일에 3권씩 읽고, 한 권도 아웃풋하지 않는 사람 중에 어떤 사람이 더 성장할까?

일본의 베스트셀러 작가이자 '일본에서 정보를 제일 널리 알리는 의사'로 유명한 가바사와 시온은 "아웃풋 없는 인풋은 '자기만족'에 불과하며, '자기성장'은 오직 아웃풋의 양에 비례한다."라고 일갈한다. 약 90퍼센트의 사람이 독서를 하거나 강의를 들어도 "다 안 것 같은 기분만 느낄 뿐, 실제로는 지식으로서 기억되지 않는다"는 뇌과학에 기반한 경험적 근거를 제시하고 있다.

자신의 독서 스타일이 속독이 아니고 정독이라서 책을 꼼꼼하게 읽어서 제대로 입력하기 때문에 아웃풋 하는 데 무리가 없다고 주장할 수도 있다. 만약 그렇다면 과거에 당신이 읽은 책을 책장에서 아무거나 한 권 꺼내서 A4 용지에 10포인트의 폰트로 반 페이지 이상 쓰거나 5분간 말로 설명해 보라. 반 페이지 이상 글로 쓰거나 5분 이상 말로 설명할 수 있다면 책의 핵심 내용을 기억하고 활용할 만한 실용 지식을 얻은 셈이다.

하지만 막연하게 책을 읽었다는 어렴풋한 기억이나 느낌으로 인풋하는 독서로는 한계가 있다. 일정량의 글로 쓰고 말로 표현할 수 있는 실용 지식으로 아웃풋해야 비로소 자기 성장의 밑거름이 될 수 있음을 기억하라. 회사에서 파워포인트로 보고서나 기획서를 작성하는 직장인이라면 한 권의 책을 읽고 파워포인트 한 장으로 핵심을 요약하고 자신의 일상이나 업무에 적용 포인트를 작성해서 아웃풋하면 실용 지식이 될 수 있다(구체적인 작성 방식이나 사례는 5장 〈자기계발 헛바퀴, 아웃풋 중심으로 전환하라〉를 참고하기 바람).

직장인에게 당장 필요한 실용 지식은 학습이나 다양한 자기계발로 인풋한 내용을 글쓰기와 말하기처럼 손이나 혀 근육을 사용하여 운동성 기억으로 뇌의 장기기억에 저장하여 필요할 때 바로 꺼내 쓸 수 있다. 운동성 기억은 한번 장기기억에 저장되면 쉽게 잊히지 않는 특성이 있다. 2년 전에 수영을 배운 사람이라도 한 번 배워놓으면 헤엄치는 법을 잊어버리는 일이 거의 없는 이유는 근육을 활용한 운동성 기억으로 남아 있기 때문이다.

영어나 중국어 등 생소한 외국어를 공부할 때도 운동성 기억이 중요하다. 문법이나 독해 위주로 눈으로만 하는 인풋 중심의 어학 공부보다 소리 내어 입과 혀 근육을 활용하면서 말하고 손 근육을 활용하여 쓰면서 하면 운동성 기억으로 장기 기억에 저장된다. 그래야 해외여행 중에 외국인이 말을 걸거나 해외 바이어들과 협상할 때 그들의 질문에 자신의 생각을 원어민의 언어로 답변할 만큼 성장할 수 있다.

샐러던트, 인풋과 아웃풋의 황금 분할

　"콩 심은 데 콩 나고 팥 심은 데 팥 난다"는 속담은 영원불변의 진리이다. 이는 인풋과 아웃풋의 원리를 정확하게 설명해준다. 인풋이 없는 사람은 아웃풋도 없다. 인풋에 투자하지 않고 아웃풋의 결핍을 한탄해서는 안 된다. 그렇다고 무작정 인풋에 많은 시간을 투자한다고 해서 자기 성장에 도움이 되는 아웃풋을 기대하기도 어렵다.

　피곤하고 바쁜 직장 생활 가운데서 시간을 쪼개어 자기계발에 투자하는 직장인에게는 인풋과 아웃풋의 균형을 제대로 맞춰서 효과를 극대화하는 것이 중요하다. 자기계발의 인풋과 아웃풋의 효율적인 비율은 얼마일까? 자기계발 분야마다 약간의 차이는 있겠지만, 적정한 인풋과 아웃풋의 비중은 인풋 30%, 아웃풋

70%이다. 인풋 대비 아웃풋이 2배 정도 되어야 스스로 공부한 흔적이 장기기억에 축적된다.

이와는 반대로 자기계발에 매진하는 직장인들이 온라인으로 참석하는 세미나에서 설문 조사를 해보면 인풋이 70%, 아웃풋이 30%에 불과하다. 영어 학습을 할 때도 단계가 올라갈수록 인풋과 아웃풋의 균형 잡힌 학습은 더욱 필요하게 된다. 이런 균형이 한쪽으로 치우쳐질 때 현재의 수준을 유지할 수는 있지만, 더이상 향상되지 않는 결과를 가져올 수 있다.

많은 직장인들의 고민거리인 영어 공부를 할 때 어휘, 문법, 독해 등 영어 관련 지식을 습득하는 인풋(input) 학습에는 익숙하다. 인풋을 위해서는 책을 보고, 교재를 들으며 스스로 학습해야 한다. 반면에 자신의 생각이나 하고 싶은 말을 영어로 표현하는 아웃풋(output)에는 능숙하지 않다. 그냥 새로운 표현을 많이 읽고 그것을 암기하는 인풋 중심의 학습이 아니라, 원어민을 듣고 따라하는 섀도잉 연습과 함께 익힌 표현을 이용해서 더 많은 문장을 만들 수 있는 아웃풋 트레이닝이 더 중요하다.

인풋과 아웃풋의 비중을 초기에는 7대 3 혹은 5대 5로 하다가 점진적으로 3대 7의 비율로 아웃풋의 비중을 높여가면 효과적이다. 해외에 유학을 가거나 단기 해외 연수를 가지 않은 상황에서 영어로 말할 기회가 없다면, 영어 글쓰기를 통해 아웃풋하면 된다. 영어로 글쓰기를 하면서 입으로도 연습을 하면 운동기억으로 장기 기억에 저장된다.

외국어 습득은 단순한 인풋만으로는 이뤄지지 않는다. 한국 사람에게 회화도 입으로 하는 영작이다. 처음에는 짧은 문장으로 영어 글쓰기를 시작할지라도 점점 길고 복잡한 문장을 영작하면서 자신이 부족한 문법이나 단어 등을 발견하고 보완하여 아웃풋의 질을 높여가면 효과적이다.

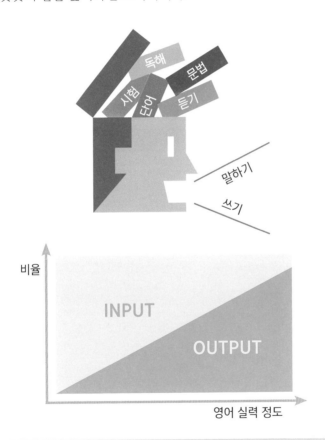

외국어 학습 인풋 : 아웃풋 = 3 : 7

머리로 아는 것을 손과 입으로 써 보는 것, 입 근육이 뻐근하고 팔 근육이 쑤실 정도로 하겠다는 각오로 아웃풋의 비중을 높여가야 한다. 이렇게 함으로써 어휘 문법과 스피킹 사이의 고리가 연결돼 유창한 커뮤니케이션으로 이어질 수 있다. 아웃풋의 비중을 70% 이상 늘려 갈수록 실제 상황에서 외국어 문장에 더 익숙해지는 걸 경험할 수 있다.

기존 외국어 학습 습관이나 관성에 따라 사전을 찾아보고, 좀 더 집중해서 하는 인풋이 진중한 공부로 느껴질 수 있다. 한편 아웃풋은 공부라기보다 부담 없는 대화의 시간으로 생각할 수 있다. 시간이 흐를수록 다른 사람과 대화를 하는 아웃풋에 노력을 하는 게 더 쉽게 느껴지기 때문이다. 특히, 영어회화 학습에 인풋(스스로 학습)과 아웃풋(말하는 연습, 대화)의 균형 잡힌 학습이 효과적이라는 데 대체적으로 공감할 것이다.

외국어 학습에도 인풋과 아웃풋의 비율을 기존 방식대로 7대 3에서 3대 7로 늘려가는 것의 중요성을 깨닫고 그치는 게 아니라 실천하는 것이 더 중요하다.

샐러던트 아웃풋 스킬의 3가지 영역

직장인의 기억력은 10대 청소년과 같을 수 없다. 실제로 중고등 학생이나 대학생이라면 정보의 입력과 기억, 즉 지식의 양으로 승부가 나곤 한다. 한편 어느 정도 사회적 경험을 쌓은 직장인일 경우 역량 있는 사람과 그렇지 않은 사람은 지식의 양보다는 출력되는 내용, 즉 아웃풋의 기술에서 차이가 난다.

직장인의 대표적인 아웃풋이 보고서다. 직장생활을 하면서 필수 능력으로 꼽히는 보고서 작성. 하지만 시간도 많이 잡아먹고 불필요한 보고도 많아 스트레스 요인 중 하나로 꼽힌다. 취업 전문 기관인 사람인의 설문 조사에 따르면 보고서를 작성하는 능력이 '개인 역량 평가에 중요한 역할을 한다'(53.4%)는 응답은 과반수를 넘었다.

역량 평가에 보고서가 중요하다고 생각하는 이유는 '보고서를 잘 쓰면 업무도 잘 한다는 인상을 줘서'*(52.4%, 복수응답)*가 가장 많았고, 다음으로 '기업 내 커뮤니케이션 역할이기 때문에'*(50.8%)*, '보고서 없이는 서로 업무 파악이 어렵기 때문에'*(33.4%)*, '상사와 직접 대면할 수 있는 기회라서'*(12.1%)* 등의 순이었다.

직장인들이 답변한 보고서 잘 쓰는 노하우는 '사실 위주의 짧은 문장으로 최대한 간략하게'*(47.5%, 복수응답)*, '잘 쓴 기존 보고서 양식 벤치마킹'*(36.8%)*, '상사가 좋아하는 스타일에 무조건 맞춘다'*(32.1%)*, '상사, 선배 등에게 조언을 구한다'*(20.1%)* 등이 있었다.

보고서 작성을 위한 자신만의 프레임워크와 프로세스가 꼭 필요하다. 머릿속에서 맴돌고 있는 생각들을 일관된 메시지를 중심으로 작성할 수 있는 심플하지만 자신만의 유용한 툴이 필요

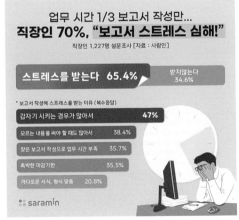

하다*(제3장 〈보고서와 기획서로 설득하고 승부하라〉 참조)*.

직장인 10명 중 8명이 함께 일하는 상사·동료·후배 등 인간관계 스트레스로 퇴사를 고민하고 있다는 조사 결과가 나왔다. 취업 전문 기관인 사람인이 '일과 직장 내 인간관계'에 대한 조사 결과 이같이 나타났다. 업무와 인간관계 중 어느 것이 더 스트레스를 주냐는 질문에도 업무 관련 스트레스*(28.2%)*보다 인간관계 스트레스*(71.8%)*가 더 심한 것으로 조사됐다.

갈등 대상은 주로 상사를 포함한 선배*(79.1%)*였다. 후배 등 부하 직원과의 갈등*(20.9%)*보다 약 4배 가까이 많았다.

직장인들이 선배와 갈등을 겪는 이유 1위로는 '업무 분장 등에서 자기에게만 유리한 비합리적인 결정이 잦음'*(44%, 복수 응답)*이 차지했다. 다음으로 '자기 경험만을 내세우는 권위적인 태도'*(40.4%)*, '업무를 나에게 미룸'*(37.6%)*, '사적인 일 부탁, 잔심부름 등 지위를 이용한 갑질'*(28.1%)*, '인격모독 발언 빈번'*(19.9%)*, '업무 성과를 가로챔'*(15.9%)* 등의 이유가 있었다.

한편 후배*(부하직원)*와 갈등을 겪는 이들은 가장 큰 이유로 '업무 완성도 부족으로 일을 떠안게 됨'*(45.3%, 복수응답)*을 꼽았다. 이어 '시키는 업무만 하는 등 적극성 부족'*(36.3%)*, '철저한 개인주의 성향으로 팀 내 화합이 어려움'*(30.3%)* 등이 있었다.

대체로 인풋은 수동적이고 아웃풋은 능동적이다. 보고 듣는 행위는 수동적인 인풋이다. 굳이 머리를 쓰지 않아도 되고 몸을 움직일 필요가 없다. 아웃풋은 말하기, 쓰기, 행동이다. 아웃풋은 모두 입을 움직이고 손을 움직이고 몸을 움직이는 행동이다. 직장 내에서 이를 한 마디로 대인관계 스킬로 요약할 수 있다.

사람마다 제각기 생각하는 것이 다르기 때문에 갈등은 생기기 마련이다. 이를 최소화하기 위해 한쪽이 일방적으로 맞추는 것이 아니라 서로간의 노력이 필요하다. 그러면서 상대를 존중하는 마음을 바탕으로 이야기하다 보면 이해할 수 있는 부분들이 점점 많아지게 될 것이다 (제6장 〈대인관계로 성장의 발판을 마련하라〉 참조).

전문 리서치 기관인 트렌드 모니터 조사 결과에 의하면 직장인들이 개인의 성장과 능력 향상을 위해 가장 많은 시간과 노력을 투자할 것으로 예상되는 '자기계발' 분야는 경제 상식의 향상 (61%, 중복 응답)이었다. 기본적으로 경제 상식을 잘 알아야 한다는 생각이 많은데다가 최근 '재테크 열풍'의 영향도 크다는 것을 짐작하게 하는 결과로, 특히 30대(67.7%)와 과장/차장급(68.6%) 직장인이 경제 상식 향상 의지를 많이 드러냈다.

그다음으로 취미 생활을 고취하고(39.3%), 외국어 능력을 향상시키고(38.8%), 자격증 및 공무원 시험을 준비하려는(32.9%) 직장인들도 많았다. 물론 직무 능력 향상(26.9%)과 실무 능력 향상(26.6%)을 위한 노력도 많을 것으로 예상되지만, 그보다는 현재의 직업과 일에 얽매이지 않고 좀 더 다양한 분야에서 자기계발을 하고 싶어 하는 바람이 더 크다는 것을 느낄 수 있다.

경제 상식 향상(재테크, 주식 등)	61.0
취미 생활 고취(취미부자 되기)	39.3
외국이 능력 향상	38.8
자격증/공무원 시험 준비	32.9
직무 능력 향상	26.9
실무 능력 향상	26.6
교양 쌓기(철학·인문학 강좌 등)	14.0
학위 취득(학사·석사 등)	7.9
없음/계획 없음	5.3

(Base : 전체, N=1,000, 단위 ; 중복 %)

　　직장 생활을 병행하면서 제한된 시간 내에 모든 분야의 자기
계발을 할 수는 없다. 자기계발 분야도 자신의 성장에 도움이 되
는 방향으로 선택과 집중이 필요하다. 직장인의 자기계발은 현
재 수행 중인 업무와 연계성이 있고 자신의 성장에 도움이 되는
방향으로 진행되어야 소중한 시간과 돈, 에너지를 낭비하지 않
고 소기의 목적을 달성할 수 있다*(제5장 〈자기계발, 아웃풋 중심으로 전환하
라〉 참조)*.

　　그 분야가 어디든 인풋 → 아웃풋 → 피드백의 프로세스가 반
복되면 자신도 서서히 좋은 쪽으로 변화하게 된다. 자신에게 먼

저 변화가 일어나면 주위의 사람들에게도 영향이 미치게 되고 현실도 달라진다. 회사 업무도 보다 효율적으로 처리하고, 인간 관계가 원만해지고 회사 생활도 긍정적인 방향으로 움직이기 시작한다. 그렇게 변화의 점들이 축적되어 결국 자신의 인생까지 바뀌게 된다.

제2장
생각을 정리하고 체계적으로 표현하라

생각을 정리해 본 경험이 부족하다

세상에는 참으로 많은 법칙들이 있다. 수학 시간에 머리에 쥐나도록 배웠던 '피타고라스의 법칙'이 있다. 30·40 세대에게 흥겨운 추억을 안겨주었던 힙합가수 DJ. DOC의 대표곡인 〈머피의 법칙〉도 있다. 이것은 일이 제대로 풀리지 않고 꼬이기만 하는 경우에 사용하는 법칙이다. '달인' 개그 코너에서 인기를 끌었던 개그맨이 '완주의 사나이'로 변신한 김병만 족의 '정글의 법칙'도 있다. 이외에도 하나의 깨진 유리창을 단속하지 않으면 중범죄나 대형 사고로 이어질 수 있다는 '하인리히 법칙'도 있다. 이것은 대형 사고가 발생하기 전에 수많은 작은 사건과 징조들이 존재한다는 의미이다.

하루에 5만 가지 이상의 생각이 스쳐 지나가고 생각을 자극하는 무수한 광고와 정보, 지식이 흘러넘치는 시대다. 5만 가지 생각을 정리할 법칙이 하나쯤 필요한 이유이기도 하다. 의도적으로 자신의 취향에 맞게 책을 읽고, 영화를 보고, 다큐멘터리를 보지 않아도 스마트폰을 여는 순간 온갖 정보들이 의식과 무의식에 스며든다. 광고에 스님이 등장해서 "(전화기를) 잠시 꺼두셔도 좋습니다"라고 할 만큼 현대인들은 전화기에 의존하고 있고, 그에 따라 스마트폰을 통해 접하는 정보와 지식들이 기하급수적으로 증가하고 있다. 지하철이나 버스를 타도 벽과 전광판에 각종 광고와 홍보 문구들이 자신도 모르게 무의식에 영향을 미치고 있다.

매일 쏟아지는 테라바이트급의 정보와 지식의 홍수 속에서 우리 생각들이 영향을 받고 있다. 자의든 타의든 생각이 점점 많아지고 있는 시대에 자신의 생각을 정리할 필요한 시점에서 있다. 하루에 스쳐가는 5만 가지 생각이 스쳐 가는데, 그중에 49,000가지 이상은 부정적인 생각이라고 한다. 의심하고 섭섭하고 시기하는 등 비생산적인 생각들을 말함이다. 사사건건 옳고 그름을 따지고 지나가는 사람을 스캔한 후에 임의로 판단하고 정죄하는 나쁜 생각들을 가지는 경우도 있다.

우선 49,000가지 부정적이고 비생산적인 생각을 버리는 데서 생각 정리가 시작된다. 창의력 전문가들은 긍정적인 생각에서 기발하고 유용한 아이디어가 도출된다고 한다. 1,000가지 긍정적인 생각들을 정리해서 자신의 아이디어와 의견, 주장을 표현해야 한다. 한편 "1,000가지 긍정적인 생각이 뭐죠?"라는 질문에 쉽게 답할 수 있는 사람은 많지 않다. 《나를 깨우는 천 개의 생각》이라는 책을 보면 인생에 필요한 29개의 키워드에 천 개의 문장을 엮어서 제시하고 있는데, 이 책은 〈천언천사록, 천 개의 말에 천 개의 생각을 담고 있다〉는 부제를 달고 있다.

1장 자아·만남·관계

2장 치유·성장

3장 변화·혁신·꿈·비전·성취(성공)

4장 지혜·지성

5장 삶·세상·성찰·인격

6장 마음·생각·욕망·자유

7장 사랑·행복

8장 사회·국가·정치·교육

9장 진리·깨달음·종교

다소 인문의 결이 느껴지고 철학적인 사유가 필요한 주제들이지만, 인생을 살아가면서 날마다 일어나는 생각의 파편들이 위에 제시된 키워드들과 연결되어 있는 것은 사실이다. 이 지점에서 고려사항은 진지한 사유를 통해 자신의 생각을 어떤 방식으로 정리해서 상황이나 목적에 맞게 상대에게 전달할 수 있느냐다.

상대방의 질문이나 상황에 맞게 자신의 생각을 정리해서 말이나 글로 제대로 표현할 수 있어야 한다. 언어의 마술사로 불리는 김제동이 진행하는 방송 녹화에 참여하여 "당신 인생에서 돈이 가지는 의미는?"이라는 질문을 받았다면 어떻게 답변하겠는가? 자신의 생각을 순간적으로 정리해서 작은 칠판에 '피 같은 돈이다'라고 쓸 수 있다면 당신은 이미 생각 정리의 고수다.

그 이유를 3가지로 정리해서 필자의 생각을 말한다면,

첫째, 당신은 이미 시인들이 주로 쓰는 비유법을 멋지게 구사하고 있다. 표현 형식에서만큼 시인들과 어깨를 나란히 하고 있다.

둘째, '피'는 종교 경전에서 생명을 상징한다. 사람들이 돈 때문에 살인까지 서슴지 않는 경우도 있으니, 당신이 사용한 단어는 다분히 철학적이고 중의적인 의미를 갖는다.

셋째, 사람들이 속으로는 돈을 좋아하면서도 겉으로는 부정적인 말들을 하는 반면에 정공법으로 돈에 대한 선호도를 표출한 용기 있는 선택이기 때문이다.

짧은 한 마디지만 청중들의 폐부를 파고들어 화들짝 놀라게 하고 가슴을 쓸어내리는 강력한 효과가 있다. 필자는 이를 강력하고 의미 있는 '1 메시지(Message)의 힘'이라고 한다. '피 같은 돈

이다'라고 답변한 한 마디가 왜 파급 효과가 큰 지 3가지 이유로
정리해서 근거를 제시한 것이 '3 가지 근거나 요소*(3 Factors)*의 힘'
이기도하다.

> "인생을 살다가 마주치게 되는 문제와 고민들을 우리에게 주어지
> 는 인생의 질문 리스트라고 긍정적으로 생각하면 어떨까요? '피
> 같은 돈이다' 같은 강력한 한 마디로 자신의 생각을 단숨에 정리
> 해서 답변할 수 있다면 얼마나 좋을까요?"

이 두 마디 질문에 당신의 흩어진 생각들이 움직이고 모여져
서 적어도 긍정 혹은 부정이라는 두 가지 반응을 보이기 시작할
것이다. 생각에 자극을 주고 순간적으로 어떤 의미로든 생각을
정리해서 말이나 표정으로 표현하도록 유도하는 것이 '질문의
힘'이다.

한편 여러 가지 잡다한 생각으로 주어진 일은 어렵게 느껴지
고, 잡힐 듯 잡히지 않는 생각들로 펜을 잡은 손이 초라해 보인
경험이 있었는가? 어디서부터 시작해야 할지 몰라서 그저 막막
하게 사무실이나 도서관에 혼자 앉아 머리를 쥐어뜯고 있지는
않은가?*(잠시 어떤 상황에서 생각 정리가 필요한지 되뇌어 보기로 하자.)*

당신이 학생이라면 선생님이나 교수님이 내준 숙제나 레포
트가 당신의 인생에 다가 온 질문리스트 중 하나이다. 직장인이

라면 상사가 내린 업무 지시가 당신에게 주어진 질문 리스트이다. "당신 인생에서 돈이 가지는 의미는?"이라는 질문의 주제나 내용이 다를 뿐 당신이 답변해야 할 질문의 꾸러미들이다.

당신이 아침에 출근해서 일일 매출 실적을 작성하여 보고했다. 상사로부터 "김 대리, 이번 주 매출 실적이 지난주에 비해 떨어진 이유가 뭐지?"라는 질문을 받았다면 어떻게 답변하겠는가? 보통 회사에서 둘러대는 말은 변명에 가깝지만 "이번 주에 시황이 나빠서 그렇습니다."라는 답변이다. 만약 당신의 대답이 여기에서 그친다면 당신의 회사 생활은 꽃길을 걷는 것이 아니라 가시밭길이 될 수도 있다.

당신의 팀장도 과거 그 시절에 답변했던 내용이지만 최근에 점점 회사 분위기가 그리 호락호락하지가 않다. '왜 매출 실적이 저조했는지' 정리해서 보고하라는 업무 지시가 떨어지고 당신의 생각을 정리해서 보고서를 써야 할 입장에 놓이게 된다. 만약 당신이 "이번 주에 매출 실적이 저조한 이유는 경쟁사의 공격적인 저가 정책 때문입니다."라고 답변했더라면 상황은 달라졌을지도 모른다. 거기에 덧붙여 3가지 근거를 제시해서 답변했더라면 '생각이 없는 친구네'라는 핀잔은 듣지 않았을 것이다.

3가지 근거라는 것이 그리 거창한 내용이 아니라도 좋다.

첫째, 자신의 회사 제품과 경쟁사 제품의 가격 차이가 얼마나 나는지 얘기하면 된다.

둘째, 경쟁사가 저가 전략을 펴고 있는 지역이나 상권이 어디인지
언급해주면 좋다.

셋째, 경쟁사의 저가 선략으로 자사의 대리점 매출이 어는 정도
영향을 받고 있는지 언급해 줄 수 있다면 금상첨화다.

당신은 정말 생각이 없는 사람인가? 아니다. 상사의 업무 지
시를 자신에게 다가온 인생의 질문 리스트로 생각하지 않는데
그 이유가 있다. 나름대로 답변은 했으나 3가지 근거를 제시하는
연습을 평상시에 하지 못한 데 그 이유가 있다. 상사의 업무 지시
나 질문에 3가지 요소나 근거로 대응하는 습관을 들이면 억울하
게 '아무 생각이 없다'는 근거 없는 비난을 듣지 않아도 된다.

1 Message와 3 Factors로 연결되는 구조와 흐름이 상대방에
게 영향력을 끼칠 수 있는 생각 정리의 기본이자 핵심 기술이다.
생각이 없는 것이 아니라 생각 정리 기술을 배울 기회나 여유가
없었을 뿐이다. 지금부터라도 생각 정리 원리와 기술을 알고 습
관화시키면 그만이다.

생각 정리의 기본 원리

사람들은 누구나 자기 나름대로 생각 정리를 하면서 살고 있다. 아침에 일어나서 오늘 하루 일과를 수첩에 적는 것도 생각 정리다. 모닝 독서를 하면서 울림을 주는 구절을 필사한 후에 자신의 느낌을 적고 일상에 적용할 포인트를 적는 것도 생각 정리다. 주부들이 매일 무슨 반찬을 해야 할지 레시피를 찾아서 기존의 경험과 결합해서 포스트잇에 메모하고 냉장고에 붙여 놓고 활용하는 것도 생각 정리다.

맞벌이를 하는 필자는 매주 주말에 아내가 적어주는 구매 리스트를 들고 대형마트에 시장을 보러간다. 아내는 매주 무슨 반찬을 해야 할지 고민이 깊어져서 그런지 매번 구매 리스트를 적는 데 애를 먹는다. 여러 번 고민하다가 적어주는 구매 품목을 보면 그 나물에 그 반찬이다. 냉장고에 수십 개의 레시피를 붙여 놓고도 고민하는 이유가 뭘까? 매번 새로운 음식을 해야 한다는 주부의 부담감 때문일까? 냉장고에 덕지덕지 붙어 있는 레시피 포스트잇만큼 아내의 생각이 정리되지 않은 이유일 수도 있다.

마트에 가면 공산품과 식료품, 야채와 과일 코너, 수산물 코너 등으로 나뉘어져 있다. 아내는 매번 구매 품목들을 중구난방으로 적어주기 때문에 구매할 물품 리스트를 펜으로 지워가면서 시장을 봐야한다. 그마저도 귀찮거나 볼펜이 없으면 수산 코너에서 오징어를 깜빡 잊고 사지 않고 저 멀리 사람들이 붐비는 야채 코너에 갔다가 수산물 코너를 다시 들러야 한다. 그런 일이 생길 때마다 생각나는 순서대로 대충 적어주는 아내의 구매 품목 리스트가 원망스럽다. 바로 이 대목에서 생각 정리가 필요하다.

< 5월 첫째 주 구매 요청 리스트 >

양파, 흙당근, 오이, 식빵, 다진 쇠고기, 불고기, 과일, 무, 방울토마토, 파프리카, 등갈비, 대파, 양지머리, 싼 과일*(알뜰 코너)*

< 5월 둘째 주 구매 요청 리스트 >

양파*(큰 것)*, 간장 501S, 방울토마토, 사과, 흙당근*(3개)*, 파프리

카, 불고기, 우유(1,000미리), 수박, 미나리, 애호박

< 5월 셋째 주 구매 요청 리스트 >

마늘, 대파, 수박, 파프리카, 방울토마토, 양지머리, 무, 오이, 다진 쇠고기, 가쓰오 우동, 우엉, 불고기

(독자가) 만약 3주에 걸쳐서 제시된 구매 리스트를 정리한다면 어떤 방식으로 하는 게 좋을까? 필자의 아내가 나름 레시피를 고려하여 생각나는 대로 쭈욱 열거한 품목들을 다시 분류하고 배치해야 한다. 생각 정리의 기본 원리를 활용하면 된다*(열거-분류-배치)*.

1단계 '열거'는 특별한 주제나 기준 없이 단순하게 나열하는 것이다. 생각을 밖으로 끄집어내야 정리가 가능하기 때문이다. 사전적인 정의는 '여러 가지 예나 사실을 낱낱이 죽 늘어놓음'을 의미한다. 마트에서 사야 할 물품을 생각나는 대로 대충 정리해서 메모지에 쓰거나 문자로 보내는 것 등을 말한다.

평소에 흔히 사용하는 엑셀로 표를 만들어 'ㄱ에서 ㅎ으로 텍스트 오름차순으로 정렬' 기능을 활용하면 아래와 같은 결과가 나온다. 생각나는 대로 적었던 나열과는 달리 '텍스트 오름차순'이라는 기준으로 다시 정리한 것이다. 이 과정이 '분류'이다.

2단계 '분류'는 특별한 주제나 기준에 따라 해당하는 것끼리

5월 1주	5월 2주	5월 3주
양파	양파(큰 것)	마늘
흙당근	간장 501S	대파
오이	방울토마토	수박
식빵	사과	파프리카
다진 쇠고기	흙당근(3개)	방울토마토
불고기	파프리카	양지머리
과일	불고기	무
무	우유(1,000ml)	오이
방울토마토	수박	다진 쇠고기
파프리카	미나리	가쓰오 우동
등갈비	애호박	우엉
대파		불고기
양지머리		
싼 과일		

5월 1주	5월 2주	5월 3주
과일	간장 501S	가쓰오 우동
다진 쇠고기	미나리	다진 쇠고기
대파	방울토마토	대파
등갈비	불고기	마늘
무	사과	무
방울토마토	수박	방울토마토
불고기	애호박	불고기
식빵	양파(큰 것)	수박
싼 과일	우유(1,000ml)	양지머리
양지머리	파프리카	오이
양파	흙당근(3개)	우엉
오이		파프리카
파프리카		
흙당근		

모으는 과정을 말한다. 사람이나 사물의 범주를 나누는 일정한 기준이 있다는 것이 1단계 '열거'와 결정적인 차이점이다. 생각 정리를 할 때 가장 중요한 과정이다. 분류를 하는 순간 생각 정리가 시작되기 때문이다.

손에 잡히지 않는 생각을 정리하려면 생각의 모둠을 묶어 줄 수 있는 대표 키워드를 찾아야 한다. 분류 기준을 무엇으로 잡느냐에 따라 생각 정리의 내용과 질이 달라진다. 시장 볼 때 '구매 요청 리스트'를 'ㄱ에서 ㅎ으로 텍스트 오름차순'이라는 기준으로 분류한 결과가 생각나는 대로 나열한 리스트와 크게 차이가 없어 보인다. 그 이유는 분류 기준 자체가 빠른 시간 내에 누락 없이 시장을 보기 위한 목적과 상관없기 때문이다.

우리가 회사 업무를 할 때도 상사의 지시나 주어진 업무 수행 목적을 간과하고 자기가 알고 있는 선에서 일단 익숙한 생각 정리 도구로 대충 정리를 시작하는 데서 오류가 발생한다.

생각 정리를 할 때 분류 기준을 명확하게 해야 의미 있는 결과를 얻을 수 있다. 시장 볼 때 구매 요청 리스트를 정리하는 목적을 다시 되새겨 보면 된다. 아무 기준 없이 흩어진 리스트를 정리하여 빠짐없이 빠른 시간 내에 리스트 품목을 사는 데 있다. 대형마트의 코너 분류 기준에 맞춰서 구매 요청 리스트를 작성해서 시장을 보면 누락시키지 않고 구매할 수 있다. 한 번 다녀갔던 코너에서 빠뜨린 물품을 사기 위해 불필요한 시간 낭비를 하지 않아도 되기 때문이다.

대형마트의 일반적인 분류 기준을 공산품과 농수산품으로 나눌 수 있다. 공산품은 워낙 종류가 많아서 먹을 수 있는 것(식용

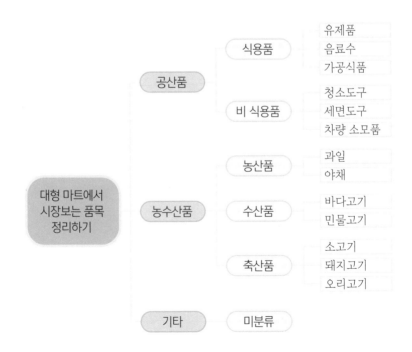

품)과 먹을 수 없는 일상용품으로 나누면 된다. 다음 농수산품은 농산품, 축산품, 수산품으로 나누어 볼 수 있다. 분류 기준으로 나누어진 생각의 서랍에 아내가 중구난방으로 적은 물품 리스트들을 쓸어 담으면 된다.

똑게(똑똑한데 게으른 이들. 반대말은 멍청한데 부지런한 멍부)들은 상황이나 주제에 맞는 생각의 서랍장들을 제법 여러 개 가지고 있다. 생각 정리는 당신의 두뇌 속에 생각의 서랍장을 만들고 필요한 정보를 보관했다가 필요할 때 꺼내 쓰는 일에 익숙한 사람들이다.

분류 단계에서는 분류 기준을 정하고 적합한 생각 도구를 사용하여 정리하면 된다. 분류 기준에 따른 해당 품목을 이리저리 쉽게 옮기면서 정리하는 데는 (디지털) 마인드맵이 유용하다. 굳이 디지털이 아니더라도 손으로 마인드맵을 그려도 무방하다.

생각은 하나의 메시지로 정리된다

일이관지(一以貫之)

사회생활을 하다보면 어떤 문제나 일에 대해서 상대방에게 질문을 하는 경우가 있다. 결론 없이 이런저런 얘기를 하므로 마지막 말을 들어봐야 아는 사람도 있다. 말을 빙빙 돌리다가 질문의 의도와 상관없는 엉뚱한 답변을 하는 사람도 있다. 상대방이 한 마디로 깔끔하게 답변을 해준다면 속이 시원하고 기분마저 좋아진다.

다들 바쁘게 살아가는 세상이라 자신의 질문에 대한 요지를 가능한 한 짧게 듣고 싶어 한다. (사람마다 성향이 다르긴 하지만) 대부분의 사람들은 기본적으로 알고 싶은 내용을 핵심 위주로 빨리 파악하고 싶어 한다. 특히 일분일초를 다투는 회사에서는 자신의 생각을 정리하여 한 마디로 전달하는 능력이 중요하다.

자신의 생각을 정리하여 보고서나 제안서, 기획서를 작성할 때도 핵심적인 내용을 먼저 한마디로 전달해야 한다.

야근을 하고 밤 새워 만든 보고서나 기획서를 상사에게 제출하면 이런 질문을 받게 된다.

"이 보고서나 기획서를 한 마디로 말하자면 뭐지? "

핵심 답변이 되는 '무엇(What)'에 대해 한 마디로 전달할 수 있어야 한다. 영어로는 'So What'이라고 표현한다. 상사나 관련 부서 동료에게 전달할 때 "제가 작성한 내용은 한 마디로 ○○○입니다"라고 하면 된다. '한 마디로 말하자면'이라고 시작하면 주제에서 크게 벗어나지 않는다. 여기에 상대방은 '왜(Why) 그런가요?'나 그 '어떻게(How) 할 건데요?' 등으로 궁금한 내용을 계속해서 질문할 것이다. 당신이 제시한 핵심적인 한 마디를 제대로 이해하기 위한 자연스런 반응이다.

'한 마디로 말하자면'이라고 말하는 순간 스스로 생각이 정리되고 다른 사람들의 생각의 흐름까지 통제하는 효과가 있다. 자신의 생각을 What(무엇) - Why(왜) - How(어떻게)라는 흐름으로 정리해서 보고서를 만든 후에 보고를 할 때도 그 순서대로 하면 된다. What*(무엇)*은 "한 마디로 이것이다"고 선포하는 일종의 선언문이다. 상대방의 생각의 중심에 강하게 파고 들어가는 효과가 있다*(1 Message)*.

"한 마디로 이것이다"에 대해 질문을 하는 Why*(왜)*에 대한 답변은 3가지 근거나 요인*(3Factors)*을 말하면 된다. 3가지로 이유를 답변하면 상대방은 당신이 충분히 고민한 후에 한 마디로 주장한다는 느낌을 받고 마음속으로 지지를 보내게 된다*(3요소의 마법은 다음 꼭지에서 자세하게 다룬다)*.

마지막으로 How*(어떻게)*는 5가지 실행 방법이나 대안*(5 Ways)*을 얘기하면 된다. 특정한 주제로 토론하거나 보고할 때 상대방의 질문에 적절하게 대응하기 위해 설계된 논리적인 방법론이다.

필자는 이를 생각 정리 *'1-3-5 생각 정리 법칙'*이라고 부른다. 1-3-5 법칙으로 복잡하고 여기 저기 흩어진 생각을 정리하고, 보고서나 기획서를 만든 후에 프리젠테이션할 때도 적용하면 된다.

유명 글로벌 대기업들을 컨설팅하는 맥킨지의 컨설턴트들은 입사 후 3년 동안 자신의 생각을 한 마디로 요약하고 표현하는 훈련을 집중적으로 받는다. 유명 기업들을 컨설팅하다 보면 회사의 경영진을 상대로 프리젠테이션하는 기회가 많아서 경영진의 질문에 한 마디로 답변하는 능력이 필수적이기 때문이다.

자신의 생각이나 의견을 한 마디로 정리해서 전달하기 위해서는 평소에 꾸준한 연습이 필요하다. 《맥킨지 7S 경영》에서 저자는 한 마디로 표현하기 위해 평소에 "읽은 책의 내용을 한 마디로 설명하면 무엇일까?"라는 질문을 스스로에게 던지고 답변하는 연습을 제안한다. 책을 읽고 한 마디로 뭐라고 할 수 있는지 스스로 질문하고 답변하는 형태로 습관화시켜야 한다.

예를 들어 박신영의 《기획의 정석》을 읽고 난 후 "이 책을 한 마디로 정의하면?"이라는 질문을 스스로 던지고 답변하는 방식이다. 출판사에서 부제목을 통해 강조하는 포인트는 '무에서 유를 만드는 10가지 빡신 기획 습관'을 독자들에게 어필하고 있다. 공모전 23관왕의 실전 경험을 통해 익힌 기획 기법들을 주로 전달하는 책이다. 대부분의 독자들은 기획서를 작성하는 기술과 방법에 관심을 기울이고 환호했다.

한편 기획서를 작성하는 기법보다 기획의 본질에 접근한 한 마디가 있다. "기획은 자신이 아닌 상대방의 관점에서 문제를 해결하는 과정이다"는 한 마디로 일갈한다. "어떻게 하면 기획서를 잘 작성할까?"라는 질문보다 "어떻게 하면 상대방의 고민이나 문제를 해결할 수 있을까?"라는 질문에 집중한 것이다(*한 마디로 제*

대로 표현하기 위해서는 저자의 의도를 제대로 파악할 수 있는 적절한 질문이 필요하다).

다음으로 《원씽 THE ONE THING》을 읽고 난 후 한 마디로 무엇이라고 표현할 수 있을까? 출판사에서 제시한 부제목은 '복잡한 세상을 이기는 단순함의 힘'이다. 다소 딱딱하게 들릴 수 있는

제목을 감성적으로도 표현할 수도 있다. '나의 행복한 삶, 나의 소중한 꿈, 내가 발견한 한 가지'로 감성에 소구하는 방식이다.

저자는 길게 풀어쓰는 감성적인 표현 방식을 버리고 한 마디로 《원씽 THE ONE THING》으로 심플하고 강렬하게 표현했다. 이 책의 핵심은 자신에게 중요한 한 가지를 선택하여 집중하면 복잡한 세상을 이기고 성공할 수 있다는 내용이다. 독자들이 스스로 질문을 던져 자신이 가장 잘 할 수 있는 분야를 찾아 집중하라는 메시지를 강력한 한 마디로 어필하고 있다.

생각의 구조를 잡는 3 요소의 마법

고사성어 중에 삼위일체(三位一體)가 있다. '세 가지 요소가 하나의 목적이나 메시지를 위하여 통합되는 일'을 의미한다. 세 가지 요인(3 Factors)으로 하나의 핵심 주장이나 결론(1 Message)을 뒷받침하는 논리의 흐름이자 생각 정리 방식이다. 지식 포털 사이트의 검색 창에 '삼위일체'를 입력하면 삼위일체의 원리를 다양한 분야에 적용한 사례들을 만나 볼 수 있다.

'삼위일체 리더십'은 3가지 포인트로 평범한 사람들도 자신만의 독창적이고 고유한 리더십을 정립할 수 있도록 제안한다. 리더십 이해하기, 리더십 진단하기, 리더십 행동하기의 3단계로 추상적인 리더십을 직접 경험해 볼 수 있도록 한 것이다. '삼위일체 기본 영문법'은 문법, 어휘, 읽기의 3가지 분야의 능력 배양을 통해 영어를 정복하라고 제안한다.

우리 인생도 과거, 현재, 미래의 3단계로 이루어져 있다. 우리는 무의식중에 3가지로 생각하고 행동하는 습관이 있다. 가위, 바위, 보를 할 때도 삼(三) 세 판으로 결정한다. 한 번으로는 부족하고 두 번으로는 서로 한 번씩 이기고 지면 결론이 안 난다. 그래서 세 번을 선호한다. 하루에 식사도 아침, 점심, 저녁으로 3번을 먹는다.

하루에 식사를 대부분 3번 하는데도 매번 다이어트에 실패하는 이유는 무엇일까? 홈쇼핑에서 파는 온갖 다이어트 음식을 먹고 프로그램을 수행해도 살이 빠지지 않아 좌절하는 이유가 무엇일까?

다이어트에 실패하는 이유를 단순하게 생각하고 한두 가지만 적용하는 오류를 계속해서 반복하고 있는 건 아닐까? 식사량을 줄이기 위해 아침 식사를 거르면서도 일주일에 3번씩 저녁 모임에 참가해서 하루 권장 칼로리를 넘기는 경우도 있을 수 있다.

마법의 숫자 3으로 복잡한 생각을 두 번 연속으로 정리(1×3×3)하면 다이어트에 실패하는 9가지 요인이 드러난다. 9가지 요인 중에서 자신이 놓치고 있는 부분을 개선하면 꿈에도 그리던 살을 뺄 수 있다. 3의 마법으로 엉켜 있고 흩어져 있는 생각들을 실타래가 풀리듯 깔끔하게 정리해 준다. 동시에 우리가 이런저런 생각으로 놓칠 수 있는 부분까지 빠뜨리지 않고 고려할 수 있도

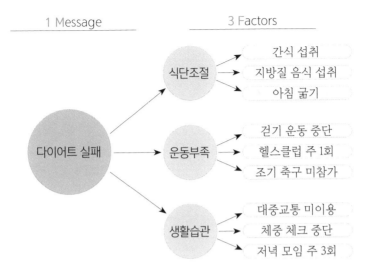

록 도움을 준다.

　대기업 L그룹 계열사에서 30대 후반에 최초로 임원이 된 경영혁신 수장의 별명이 '3가지 아저씨'였다. 소위 말하는 일류대학 출신도 아니고, 유학파도 아니고, 글로벌 컨설팅 회사에서 영입된 것도 아니다. 보고를 받는 중에 질문을 하고 보고자가 대답하면 답변의 근거나 이유 3가지를 대라고 한다. 만약 3가지 근거나 이유를 말하지 못하면 다시 보고를 해야 한다. 보고를 받은 후에도 자신의 생각이나 의견도 3가지로 정리해서 전달한다.

　최연소 경영혁신 수장 대기업 임원은 왜 그토록 3가지에 집착하는 걸까?*(행운의 숫자 7가지 근거나 이유는 안 되는 걸까?)* 결국 K팀장은 수익 악화 요인을 3가지 관점으로 나눠보고 3가지 요인에 대한

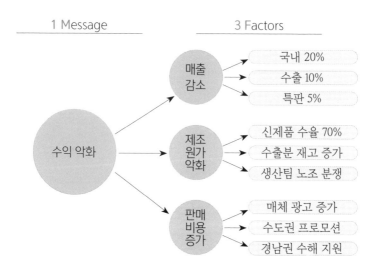

원인을 각 부문에 확인해서 정리했다. 자신이 작성한 생각지도의 흐름에 맞게 재보고를 무사히 마칠 수 있었다. 회사에서도 3의 마법은 통한다.

'3의 마법'은 경영혁신 담당 상무가 발명해낸 법칙이 아니다. 3가지로 핵심을 정리하면 상사나 고객에게 논리적으로 생각을 전달할 수 있다. 3가지로 정리된 내용을 듣는 사람도 그 내용이 잘 이해되고 기억에도 오래 남는다. 3이라는 숫자가 주는 마법은 스피치나 연설을 할 때도 사람의 마음을 움직이는 효과가 있다.

최연소 임원은 '3의 마법'을 일찍 깨닫고 체화(體化)시켜 회사 업무에 적용해서 효과를 본 것뿐이다. 10년 이상 글로벌 컨설팅 회사들과 다양한 프로젝트를 한 경험을 바탕으로 '마법의 3가지 생각 정리 법칙'이 몸에 밴 탓이다.

회사에서 보고를 하거나 대중을 상대로 스피치를 할 때도 핵심적인 한마디(*1 Message*)로 결론을 먼저 얘기하는 것이 메시지 전달에 효과적이다. 결론을 뒷받침할 수 있는 근거를 3가지 관점(*3 Factors*)이나 포인트로 제시하면 고개를 끄덕이게 된다. 여기에 3가지 포인트의 근거가 되는 사실을 연쇄적으로 3가지로 제시하면 사실에 근거한 보고로 경영진에게 신뢰감을 줄 수 있다. 논리적 사고법의 기본이며 생각 정리 3의 법칙이다.

앞에서 한 가지 핵심 주제나 결론을 먼저 얘기하고 3가지 관점이나 포인트로 생각을 정리해서 전달할 때 주로 쓰는 생각 정

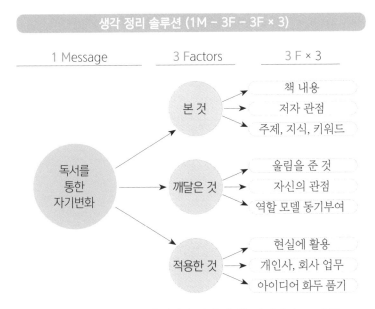

생각 정리 솔루션 (1M – 3F – 3F × 3)

1 Message	3 Factors	3 F × 3

독서를 통한 자기변화

본 것
- 책 내용
- 저자 관점
- 주제, 지식, 키워드

깨달은 것
- 울림을 준 것
- 자신의 관점
- 역할 모델 동기부여

적용한 것
- 현실에 활용
- 개인사, 회사 업무
- 아이디어 화두 품기

※ 출처 : 강규형(2017).《독서 천재가 된 홍팀장》. 다산라이프. p.268.

제2장 생각을 정리하고 체계적으로 표현하라

리 도구가 로직트리(*Logic Tree*)이다. 책을 읽은 후에 덮어 버리면 자신의 지식으로 소화시킬 수 없다. 한 권의 책을 3가지 관점으로 정리하여 활용하면 비로소 피와 살이 되는 지식으로 체화시킬 수 있다.

《독서 천재가 된 홍팀장》의 핵심 내용을 논리적 사고법의 기본이며 생각 정리의 1-3F-3F×3 법칙으로 정리하면 핵심 내용을 논리적인 흐름으로 한눈에 볼 수 있다. 독서 후 자신의 생각으로 정리한 내용을 기반으로 자신의 삶에 적용하면 독서 본연의 목적을 달성할 수 있다.

생각 정리 핵심 원리

1과 3, 그리고 5라는 숫자는 유난히 좋은 느낌으로 다가온다. 1이라는 숫자가 갖는 상징성은 두 말 할 필요 없을 정도로 최고, 최우선을 의미한다. 1은 그렇다하더라도 유독 3과 5가 긍정적인 의미로 다가오는 이유는 무엇 때문일까? 음양오행 전문가들은 1, 3, 5, 7, 9 등 홀수가 양의 기운을 담고 있어 긍정적인 영향력을 미친다고 한다.

강의중에 질문을 하거나 큰 모임에서 추첨할 때도 사람들이 좋아하는 숫자를 1 다음으로 3을 지목한다. 4는 죽을 사(死)가 연상되어서 그런지 3 다음에 5로 건너뛴다. 1 과 3, 그리고 5, 행운의 숫자로 알려진 7이 그 뒤를 잇는다. 보통 8을 넘기고 숫자 9를 선택한다.

우리나라의 대표적인 기념일들도 1, 3, 5, 7이라는 숫자가 들어간 경우가 많다. 새해를 시작하는 1월 1일, 3월 3일은 삼진날, 5월 5일은 전통 절기로는 단오이다. 7월 7일은 칠석이다. 화, 수, 목, 금, 토로 대표되는 음양오행의 5가지 명칭도 일상생활에 영향을 미치고 있다. 매주마다 "오늘 무슨 요일이지?"하면서 5행(五行)의 의미를 무의식 중에 되새기면서 살고 있다. 우리나라의 대표적인 문화재인 석탑의 층수도 긍정적인 양의 수인 3, 5, 7층 등 홀수로 안정감 있게 만들어져 있다.

하루에 스쳐가는 오만 가지 생각 중에서 쓸모있는 생각을 건져 올려서 활용할 때도 1, 3, 5의 홀수 흐름으로 안정감 있고 논리적으로 정리할 수 있다. 자신의 생각의 흐름을 정리할 뿐만 아니라 상대방의 생각의 흐름과 맞추면서 서로의 생각을 일치시키는 방식이다. 필자는 이를 생각의 동조화(同調化)라고 표현한다. 생각의 흐름을 잡아주고 정리하고 전달하는 최적의 방식이다.

1 Message : 핵심 메시지(콘셉트, 제목, 주장, 결론)

3 Factors : 핵심 메시지를 뒷받침하는 3가지 요인(근거, 이유)

5 Ways : 핵심 메시지 실현을 위한 5가지 요소(프로세스, 단계)

1로 대표되는 핵심 메시지나 한 가지 주제(1 Message), 이를 뒷받침하는 3가지 요인, 근거, 요소(3 Factors)가 중요하다. 핵심 메시

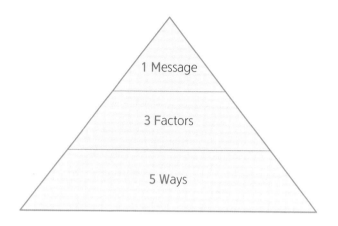

지나 주제를 실현하거나 실행할 수 있는 5 단계 프로세스나 5가지 단계(5 Ways)로 복잡한 생각을 논리적인 흐름으로 깔끔하게 정리할 수 있다.

숫자	이니셜	의미	질문 방법
1	**M**essage	핵심 메시지(콘셉트, 제목, 주장, 결론)	So What?
3	**F**actors	1 Message를 뒷받침하는 3가지 요인(근거, 이유)	Why So ?
5	**W**ays	1 Message 실현을 위한 5가지 요소 (프로세스, 단계)	So How?

먼저 숫자 1은 프로젝트 보고나 일상적인 삶에서도 핵심적인 한 문장을 의미한다. '(길게 말하지 않고) 딱 한 마디나 한 문장(1 Message)으로 뭐라고' 표현할 수 있는지를 말한다. 영어로는 What

이나 의문형의 경우 'So What?'으로 표현할 수 있다.

유명가수 싸이의 콘셉트를 한 마디로 뭐라고 표현할 수 있을까? 싸이는 언론 인터뷰에서 자신의 콘셉트가 '글로벌 딴따라'라고 자신있게 한 마디로 표현했다.

숫자 3은 핵심이 되는 딱 한 마디(*1 Message*)를 뒷받침할 수 있는 근거나 사유를 담은 3가지 요인(*Factor*)이다. 영어로는 Why이나 의문형의 경우 Why So?로 표현할 수 있다.

1 Message에서 예시로 든 싸이가 〈강남 스타일〉로 글로벌 딴따라라고 할 수 있는 (혹은 글로벌 딴따라가 될 수 있었던) 주요 요인 3가지는 무엇일까?

> 첫 번째 요인은 누구나 따라할 수 있는 몸 개그 수준의 활기찬 댄스이다.
>
> 두 번째 요인은 누구나 흥얼거릴 수 있는 반복적인 리듬감이 강조된 노래이다.
>
> 세 번째 요인은 유튜브를 활용한 비주얼 장면의 극대화와 SNS를 통한 실시간 확산이다.

마지막으로 숫자 5는 핵심 한 마디(*1 Message*)를 풀어가는 구체적인 5가지 핵심 내용이나 실행 방안 등을 고려한 5가지 측면(*Ways*)이다. 상황에 따라서 5가지 단계나 5가지 고려 요소로 활용

되기도 한다. 영어로는 How나 'So How?'로 표현할 수 있다.

예시로 든 싸이가 글로벌 딴따라가 되기 위한 5단계 과정이나 (앞서 언급한) 세 가지 성공 요인*(3 Factors)* 외에 다른 요소가 무엇인지 구체적으로 파악하거나 제시할 수도 있다.

싸이가 〈강남 스타일〉로 글로벌 딴따라가 될 수 있었던 성공 요소도 중요하지만, 그 과정이나 경로를 살펴보는 것도 의미가 있다. 싸이의 〈강남 스타일〉의 성공은 기존 음악 시장의 핵심 5단계 프로세스를 따르지 않고 새로운 성공 5단계를 거친 결과물이다.

기존 음악 5단계	싸이의 성공 5단계
뮤직비디오 출시	유튜브로 뮤직비디오 출시
매스미디어 방영	SNS 동시 확산
방송(음원) 차트 장악	방송(음원) 차트 장악
음원 다운로드 수익	음원 다운로드 수익
오프라인 앨범 판매	오프라인 앨범 판매
(국내) 공연 수익 창출	국내+해외 공연 수익 창출

기존 5단계는 '뮤직비디오 출시 → 매스미디어 방영 → 방송*(음원)* 차트 장악*(올킬)* → 음원 다운로드 수익 및 오프라인 앨범 판매 → 공연 수익 창출'이라는 순서였다. 싸이의 〈강남 스타일〉은 유튜브에 티저 뮤직비디오를 게시한 시점에 트위터에 동시에 언급되면서 급속도로 확산되었다. 미국의 유명 팝 가수 저스틴 비

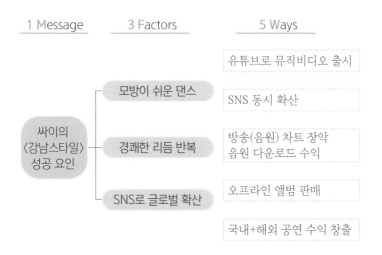

1-3-5 생각 정리 솔루션 : 싸이의 〈강남스타일〉 성공 요인

1 Message	3 Factors	5 Ways
		유튜브로 뮤직비디오 출시
	모방이 쉬운 댄스	SNS 동시 확산
싸이의 〈강남스타일〉 성공 요인	경쾌한 리듬 반복	방송(음원) 차트 장악 음원 다운로드 수익
	SNS로 글로벌 확산	오프라인 앨범 판매
		국내+해외 공연 수익 창출

1F	2F	3F
모방이 쉬운 댄스	경쾌한 리듬 반복	SNS로 글로벌 확산
1W	**1M**	**2W**
유튜브로 뮤직비디오 출시	〈강남스타일〉 성공 요인	SNS 동시 확산
3W	**4W**	**5W**
방송 차트 장악 다운로드 수익	오프라인 앨범 판매	국내 + 해외 공연수익

버(Justin Bieber)를 발굴한 기획자 스쿠터 브라운(Scooter Braun)이 뮤직 비디오를 링크하면서 폭발적으로 퍼져 나갔다.

유튜브를 통한 뮤직 비디오 출시→ SNS 동시 확산의 순서로 전통적인 확산 방식과 차이가 난다. 이후에 음원 차트 1위로 올라섰고 다운로드 수익 발생 및 오프라인 앨범 판매로 이어졌다. 유명세를 탄 이후에 국내뿐만 아니라 해외 초청 공연으로 막대한 수익을 올렸다. 이를 기존의 5단계와 비교하여 (다시) 정리하면 글로벌 딴따라 싸이의 성공적인 5단계 프로세스를 한눈에 볼 수 있다.

생각 정리 핵심 사례

홀수 중에서도 1, 3, 5로 대표되는 숫자와 연계된 생각 정리 솔루션이 효과적이라는 사실을 글로벌 딴따라 싸이의 사례를 통해 확인할 수 있었다. 하루에 스쳐가는 오만 가지 생각 중에서 쓸모 있는 생각을 건져 올리고 정리해서 활용하는 1, 3, 5의 마법은 분야를 가리지 않고 통하는 생각 정리 솔루션이다.

숫자	이니셜	의미	질문 방법
1	**M**essage	핵심 메시지*(콘셉트, 제목, 주장, 결론)*	So What?
3	**F**actors	1 Message를 뒷받침하는 3가지 요인*(근거, 이유)*	Why So ?
5	**W**ays	1 Message 실현을 위한 5가지 요소 *(프로세스, 단계)*	So How?

출판 기획자들도 작가와 출판 계약을 하고 독자들에 판매하는 과정을 비지니스 관점에서 자신의 생각을 정리해야 한다. 이때도 1M-3F-5W 생각 정리 법칙이 적용된다. 원고가 작가의 손을 떠나 출판사와 계약이 되는 순간 하나의 상품이 된다. 출판 기획자는 작가의 원고를 책으로 만들 경우 판매 부수를 예상해 보고 철저하게 시장성을 고려한다.

차별화되는 콘셉트로 많은 독자들의 마음을 훔치기 위해서는 강렬한 한 마디(*1 Message*)가 필요하다. 섹시하고 강렬한 책 제목으로 독자들의 관심을 끌어 당겨야 한다. 책 제목은 독자(소비자)들의 마음을 움직이고 뇌리에 남을 만한 홍보 문구나 광고 문구가 된다.

　독자들의 마음을 흔들고도 남을 한 줄 제목을 만들기 위해서는 3가지 요소(3 Factors)를 고려해야 한다. 고객의 눈높이와 경쟁 서적과 차별화된 포인트, 주제와 연결된 분야의 팔림새를 고려한 출판 시황이다. 단 하나의 메시지와 3가지 요소가 서로 유기적으로 맞물려야 제대로 된 책이 출간되고, 더 많은 독자들의 사랑을 받을 수 있다.

　3가지 요소를 뒷받침할 수 있는 5가지 측면(5 Ways)을 고려해야 출간 후 성공이 보장된다. 3가지 요소 중 하나인 고객도 핵심 고객위주로 공략하기 위해 연령대, 성별 등을 고려하여 세분화시켜야 한다. 3가지 요소의 두 번째 요소인 경쟁자 분석을 통해 감성중심의 콘셉트로 한다면 공감형의 내용을 책에 담아야 한다.

　3가지 중 마지막 요소인 시장 분석을 할 때도 20대가 타겟이라면 온라인 중에서도 모바일 시장을 겨냥한 e-book의 조기 출간도 고려해봐야 한다. 유사 이래 최악의 불황이라고 하는 출판 시장을 고려하여 책의 초판 부수를 3,000부에서 2,000부로 조정하기도 한다.

　출판 기획자가 저자와 점심을 먹고 나른한 오후에 멍한 상태가 계속되는가 싶더니 스마트폰 앱 〈ANSWER〉 '오늘의 질문'이 띵동하고 올라온다. '나만의 라면 레시피?'가 올라오는 순간 기획자의 생각은 바로 맛있는 라면 조리법으로 빨려들기 시작한다.

　질문의 의도에 진지하게 충실한 답변을 내기 위해서 1-3-5

생각 정리 솔루션을 활용해도 좋다. 1 Message가 평서문이 아니라 질문 형태로 바뀌었을 뿐 1-3-5 법칙은 유효하다.

1 Message는 '나만의 라면 레시피?'이다. 라면의 레시피를 결정짓는 3가지 요인 파악이 우선이다. 레시피를 결정하는 두 가지 요소는 크게 요리 재료와 요리사의 조리 방법이다. 손맛을 어떤 요소로 봐야 할지 논란이 있을 수 있지만 한 가지 구성 요소로 고려해 볼 수 있다. 라면 레시피에 물의 양이 중요하다는 의견들도 많다. 라면 회사에서 제시한 조리법에도 물의 양을 상당히 중요한 요소로 보고 포장지에 자세한 조리법을 제시한다.

라면의 레시피에서 고려해야 할 3가지 요소를 무엇으로 정의 하느냐에 따라 이후 5 단계 내용이 달라진다. 3가지 요소와 5 단계 내용이 논리적인 연관성을 가지고 전개되어야 설득력이 생기기 때문이다. 3가지 요소 중 첫 번째 요소인 쫄깃한 면발과 연관된 5단계의 항목은 팜유 제거이다. 적당한 물의 양은 5단계 중 라면 한 개당 0.5리터 준수 항목과 연결된다. 라면 요리의 특성상 조리 시간이 중요하므로 5단계 중 3, 4, 5단계의 항목과 논리적인 흐름으로 연결되어 있다.

라면의 레시피에서 고려해야 할 3가지 요소를 다르게 정의하면 따라 이후 5가지 실행 방법이 달라질 수 있다. 라면의 맛을 구성하는 요소를 면, 국물, 토핑으로 구별할 수 있다. 면발 비법, 국물 비법, 토핑 비법으로 바꾸면 라면 레시피에 대한 관심을 높일

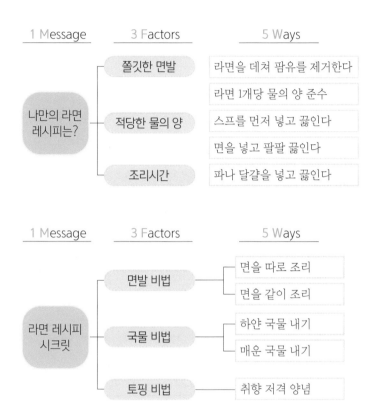

1 Message	3 Factors	5 Ways
나만의 라면 레시피는?	쫄깃한 면발	라면을 데쳐 팜유를 제거한다
		라면 1개당 물의 양 준수
	적당한 물의 양	스프를 먼저 넣고 끓인다
		면을 넣고 팔팔 끓인다
	조리시간	파나 달걀을 넣고 끓인다

1 Message	3 Factors	5 Ways
라면 레시피 시크릿	면발 비법	면을 따로 조리
		면을 같이 조리
	국물 비법	하얀 국물 내기
		매운 국물 내기
	토핑 비법	취향 저격 양념

수 있다.

　이를 3×3 매트릭스로 작성한 후에 발행해서 냉장고 앞에 붙여 놓고 보기만 해도 비싼 수업료를 내고 생각 정리에 관한 교육을 들을 필요가 없다.

1F 면발 비법	2F 국물 비법	3F 토핑 비법
1W 면을 따로 조리	1M 라면 레시피 시크릿	2W 면을 같이 요리
3W 하얀 국물 내기	4W 매운 국물 내기	5W 취향 저격 양념

생각의 깊이를 결정하는 질문의 힘

1-3-5 생각 정리 법칙을 주장하는 필자의 사고 유형은 현상이나 이슈의 공통점을 찾아내서 이해하고 정리하는 유형이다. 일반적인 원리나 법칙을 찾아내고 그 프레임에 견주어보면서 현상이나 사건의 핵심을 파악하는 데 시간이 단축된다.

이미 알려진 생각 도구들, 3C분석, 4P분석, PDCA 싸이클 등 주로 비즈니스 사고 프레임 워크(Framework)들이 이런 종류에 속한다. 이런 사고 프레임 워크들은 기획이나 마케팅 분야에 종사하는 관계자가 아니라면 거의 쓸 일이 없다. 그래서 필자가 생각 정리 도구들의 핵심 원리를 추출하여 일반인들도 간편하게 적용할 수 있는 1-3-5 법칙을 제시하는 것이다.

핵심을 한 마디로 정리해서 결론을 내리고 한 장으로 정리함으로써 빠른 의사 결정이 요구되는 스피드 경영에서 돋보이는 방법론이다. 한편 요점을 지나치게 강조한 나머지 법칙만 남고 본질에서 비켜갈 수 있는 단점이 있다. 너무 요약한 나머지 자신만 제대로 이해하고 주변 사람들은 이해하지 못하는 오류에 빠질 수도 있다.

중요한 정보 위주로 탐색하다 보면 그 외에 세부 정보를 놓칠 수도 있다. 기초부터 순차적으로 밟아가는 것이 아니고 자신의 주관적인 관점에서 각각의 요소를 뽑아서 일부분만 얻어내는 경향을 경계해야 한다. 생각 정리를 함에 있어 법칙을 선호하는 유형이 신속하게 생각을 정리할 수 있다는 장점이 있다. 하지만 디테일을 놓칠 수 있는 방법론의 단점을 보완하고 한계를 극복할 대안이 필요하다.

신속한 정리 효과와 디테일의 힘이라는 두 마리 토끼를 동시에 잡는 것이 쉬운 일은 아니다. 그럼에도 이 두 가지 요소를 동시에 충족시킬 수 있는 대안이 '상황에 적합한 질문의 힘'이다.

1-3-5 법칙의 핵심인 "한 마디로 뭐라고 할 수 있는가?"라는 질문은 사실 직관적인 통찰을 요구하는 질문으로 비쳐질 수 있다. 앞뒤로 맥락이 없어도 기발한 아이디어가 떠오르고 핵심을 정리해서 답변할 수 있는 유형의 질문을 말함이다.

여기서 문제는 한 마디 핵심(1 Message)을 뒷받침할 수 있는 3가지 이유나 근거(3 Factors)를 분명히 제시해야 한다는 점이다. 법칙형의 사고 유형이 놓칠 수 있는 요소들을 보완한 것이 3가지 요소이다. 3가지 요소 간에 중복이나 누락이 생기지 않도록 의식적으로 신경을 써야 한다. 글로벌 컨설팅 회사들에서 강조하는 MECE(Mutually Exclusive Collectively Exhaustive), 상호 배제와 전체 포괄 원칙이다. 요소 간에 서로 겹치지 않으면서 빠짐없이 나눈 상태라고 할 수 있다.

핵심 메시지를 뒷받침하는 3가지 요소를 한순간에 중복이나 누락 없이 답변할 수는 없다. 우선 떠오르는 대로 5가지 이상을 나열하고 그중에서 중복 요소를 합쳐야 한다. 누락을 방지하기 위해서 또 다른 요소나 원인은 없는지 추가적인 질문을 통해 다시 검증해야 한다.

어려서부터 주입식 교육의 영향으로 상황에 맞는 적절한 질문을 하는 습관에 익숙하지 않다. 그럼에도 자꾸 질문을 습관화해야 질문하는 능력이 키워진다. 다르게 생각하고 제대로 정리하기 위해서는 질문을 멈추지 말아야 한다. 질문은 또 다른 생각을 낳고 다른 방식으로 질문해야 다른 답을 얻을 수 있다. 그렇지 않으면 일상적으로 경험했던 결과만 반복할 뿐이다. 유사한 경험의 반복은 생각의 범위를 좁히고 유용한 생각인 아이디어를 고갈시킨다. 아이디어가 고갈되면 고객이나 상사에게 어필할 수 있는 그럴듯한 생각인 콘셉트를 만들어 낼 수 없다.

질문을 제대로 할 수 있는 방법 중에서《혁신가의 질문》의 저자이자 질문술사는 '그리고 또?'라는 질문을 탐구의 도구로 추천한다. 3가지 요소를 찾고 발견하기 위해서는 '그리고 또?'라는 질문으로 5개 이상의 요소를 찾아서 다시 줄여서 정리해야 한다.

다음으로 질문을 통해 1 Message 도출을 강조하는 이유는 이미 정해진 하나의 답을 찾기 위한 과정으로 오해해서는 안 된다. 가설적이고 예비적인 핵심 메시지와 이를 뒷받침하는 3가지 요소 간에 숨어 있는 인과관계를 드러내기 위해 질문을 멈추지 말아야 한다. 1 Message와 3 Factors 간의 인과관계를 정확히 이해할 수 있어야 이후 실행 단계인 5 Ways가 올바른 방향으로 나아갈 수 있다.

1 Message와 3 Factors 간의 인과관계를 단편적으로 이해하는 것이 아니라 그 인과관계 속에 숨어 있는 다른 원인이나 전제는 없는지 질문을 멈추지 말아야 한다. 일본의 자동차 회사 토요타에는 '왜'를 연속으로 다섯 번 질문하는 '5 Why'기법이 있다. '왜'를 다섯 번 되물어서 이슈의 근본적인 원인을 밝혀낸다는 의미다.

실제 질문 문구를 통해 스스로에게 질문하거나 상대방에 질문해서 근거나 원인을 파악하고 인과관계를 파악해야 한다.

<근거나 이유를 찾는 질문>
- 그런 식으로 주장하는 이유는 무엇인가요?

- 무슨 근거로 그렇게 말씀하시는지 덧붙여 설명해주시겠어요?
- 혹시 제가 이해하지 못하는 다른 이유가 있나요?

<원인과 결과의 관계를 파악하는 질문>
- 말씀하신 대로 A가 원인이 되어 B가 발생한다는 말씀인가요?
- A가 원인이 되어 B가 된다고 말씀하셨는데 다른 요인이 더 있을까요?
- B가 성립되기 위해서는 A가 필요하다는 말씀이신가요?

다음 단계는 핵심 메시지나 이슈(1 Message)를 뒷받침하는 3가지 근거나 요소를 파악한 이후에 구체화하고 실현시키는 5Ways를 위한 질문이다. 실제로 현업에서 일을 하다 보면 '왜'도 중요하지만 '어떻게 해야 하지?'라는 질문을 하는 경우가 훨씬 많아진다. '왜?'에만 머무르다 보면 핵심 이슈에 머물러 있거나 초기 목표와 달리 엉뚱한 방향으로 흘러가는 경우도 있기 때문이다.

어떻게(How)를 질문하는 이유는 결국 실행하기 위함이다. 가장 먼저 실천에 옮겨야 할 항목이나 기준을 설정하는 것이다. 그다음에 순서대로 해야 될 일을 쪼개서 파악해야 한다. 이를 위한 구체적인 질문을 통해 스스로 답하거나 상대방에게 질문해야 한다.

\<실현이나 실행을 위한 질문\>

– 무엇부터 시작하면 좋을까요?

– 처음에 어떻게 시작하면 되나요?

– 마지막으로 해야 될 일은 무엇인가요?

– 마지막으로 가는 중에 반드시 거쳐야 할 단계나 내용이 있나요?

– 처음과 다음 단계 그리고 마지막까지 흘러가는 순서가 중요한
가요? 아니면, 특별한 구간에 다른 단계보다 밀접한 연관성이
있나요?

이와같이 1-3-5 법칙이 원활한 흐름과 논리로 전개될 수 있
도록 각 단계별로 적절한 질문이 필요하다. 신속하게 생각을 정
리할 수 있는 장점을 살리고 자칫 놓칠 수 있는 부분까지 보완하
기 위한 질문으로 1-3-5 법칙을 효과적으로 사용하기 바란다.

제3장
보고서와 기획서로 설득하고 승부하라

일 잘하는 사람의 증거, 보고서

대부분 사람들은 보고서를 상사에게 보고를 위한 문서쯤으로 생각한다. 며칠 전에 있었던 사건이나 이슈들을 정리해서 전달하는 것이 보고서의 전부라고 착각한다. 일반적인 의미에서는 맞는 말이다. 회사에서 발생했던 다양한 일들을 기록하고 나누는 것이 팀원들의 업무 지식을 늘려준다는 측면에선 보면 그렇다.

한편 보고서는 이보다는 더 본질적인 의미가 있다. 보고서를 작성하는 목적은 단순하게 과거에 있었던 사실을 나열해서 전달하는 데 있지 않다. 사실을 기록하되 자신의 생각을 정리한 독창적인 내용으로 상사의 관심과 의사 결정을 끌어내는 데 의의가 있다. 상사들은 부하 직원의 보고서를 통해 업무 수행 수준과 사고 능력, 앞으로 다가올 이슈 대처 능력을 판단하기 때문이다.

삼성이나 LG 등 대기업에서는 논리적인 보고서 작성을 위한 온라인 교육 과정이 있다. 1 Page 제안서*(One Page Proposal)* 작성 교육 과정에서 간략하고 핵심적인 논리로 상대방을 설득하는 기본 교육을 제공한다. 하지만 교육을 받은 후에 돌아서서 현업에 막상 적용하려고 하면 금세 막막해지고 손에 잡히지 않는다.

신입사원 기본 소양 교육에서도 이름만 들어도 알 수 있는 유명 기획자나 저자들을 불러서 기획서나 보고서 작성 교육을 시킨다. 굳이 대기업이 아니더라도 마음만 먹으면 온라인 과정에 등록해서 교육을 들을 수 있다. 로직트리*(Logic Tree)*를 활용한 논리적인 사고 기법이나 다양한 생각 정리 도구*(3C, 4P 분석 등)*를 활용한 사업기획이나 마케팅 전략 자료도 온라인에 널려 있다.

그럼에도 여전히 제자리걸음을 하고 있지는 않은지 점검해보라. 누구나 회사 생활을 하면서 상사에게 인정받을 만한 보고서를 쓸 수 있을 때까지 시행착오를 겪는다. 그럴 때마다 왜 보고서를 작성할 수 없었는지 원인을 추적해 보고 대처 방법을 찾으면 된다. 무턱대고 보고서 문구에 매달려 끙끙대는 일을 잠시 멈추고 보고서를 작성하기 위한 기존 프레임을 전환할 필요가 있다.

인정받을 만한 뿌듯한 보고서를 쓰기 위해서는 과거의 사실을 나열하는 방식을 버리고 미래 지향적인 프레임을 가질 필요

가 있다. 보고서를 작성하는 목적은 적절한 보고를 통해 상사의
관심을 불러일으키고 회사에 도움이 될 만한 의사 결정을 이끌
어내는 과정이기에 그렇다.

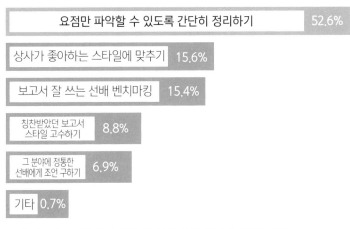

요점만 파악할 수 있도록 간단히 정리하기　52.6%

상사가 좋아하는 스타일에 맞추기　15.6%

보고서 잘 쓰는 선배 벤치마킹　15.4%

칭찬받았던 보고서
스타일 고수하기　8.8%

그 분야에 정통한
선배에게 조언 구하기　6.9%

기타　0.7%

※출처 : 마크로밀엠브레인. 만 19세 이상 직장인 578명 대상.

똑게들의 비즈니스 문서 작성 3요소

회사에서 쓰는 용어나 말이 일상적인 언어와 차이가 나듯 비즈니스 글쓰기와 일상의 글쓰기도 다르다. 회사에서 글쓰기는 공식적인 문서로서 비즈니스 상황과 상대를 고려해서 써야 한다. (자연인이 아니라) 자신의 직무와 직책에 걸맞게 회사를 대표하는 공인으로서 글의 품격과 내용을 갖추어야 한다.

지인들과 대화를 나누듯 마냥 편하게 글을 쓰고 소통하면 본인의 선한 의도와 관계없이 오해가 생기거나 자칫 가벼운 사람으로 인식될 수도 있다. (무조건) 진지하게만 쓰라는 의미는 아니지만 비즈니스 글쓰기는 한 단어, 한 문장을 신중하게 써야 한다.

비즈니스 메일이나 문서를 제대로 작성하기 위해서 고려해야 할 3가지 요소는 무엇일까?

첫째, 비즈니스 문서를 작성하는 목적을 분명히 하는 것이다.

왜(Why) 내가 이 문서를 작성하는지 아는 것이다.

둘째, 문서의 상대방이 누구인지 확실하게 인식하는 것이다.

누가(Who) 내가 작성한 문서를 읽는지 알고, 직책이나 성향에 맞춤형으로 써야 한다.

셋째, 작성 목적과 타겟을 염두에 두고 자신의 생각을 정리하여 내용을 쓰는 것이다.

무엇(What)을 써서 상대방을 이해시키고 설득할지 생각을 제대로 정리해야 한다.

다음으로 비즈니스 문서를 구체적으로 작성할 수 있는 5단계를 고려해서 써나가면 된다.

1단계는 문서의 주제나 제목을 정하는 것이다.

글을 쓰는 목표를 명확하게 하고, 어떤 핵심 메시지를 전달하고 싶은지 파악하는 단계다. 문서 작성의 반이라고 할 만큼 중요한 단계다. 제목은 전체 문서를 끌고 가는 길잡이 역할을 한다. 1-3-5 법칙에서 중심축이 되는 1 Message를 작성하는 단계다.

2단계는 문서를 읽는 대상을 파악하는 과정이다.

문서를 읽는 타겟 독자의 관계를 고려하여 글의 어조를 선택해야 한다. 상대방의 성향에 따라 결론을 먼저 말하고 근거를 댈지 그와는 반대 순서로 문서를 작성할지 결정하면 된다. 1 Message가 강조되는 상황에서는 결론을 먼저 말하고 근거를 열거하는 두괄식을 선호한다.

보고서를 읽는 상대방이 직급이 높은 상사일수록 두괄식으로 결론을 먼저 얘기하고 근거를 말하는 흐름이 바람직하다.

3단계는 문서의 개요를 작성하는 단계다.

처음부터 비즈니스 문서를 작성할 때 완전한 문장을 구사하여 쓰기는 힘들다. 주제나 제목과 연관된 핵심 단어나 핵심 어구를 써나가면서 생각을 단계적으로 정리하면 된다. 1단계에서 작성한 핵심 메시지를 뒷받침할 근거나 이유를 찾는 단계이다. 생각나는 대로 손 글씨로 메모한 후에 3가지로 압축해서 정리하면 된다. 1-3-5 법칙에서 3 Factors를 찾는 단계이다. 손은 제2의 뇌라고 할 만큼 아이디어를 활성화시키므로 손 글씨로 직접 쓰면 생각을 정리하는 데 도움이 된다.

4단계는 도입-본론-마무리의 흐름으로 글을 구성하는 과정이다.

핵심 단어와 핵심 어구에 살을 붙인 문장의 꾸러미들을 흐름에 맞게 다시 정렬하는 과정이다. 문장과 문장을 어떻게 연결하면 자연스러운지 문장의 순서를 바꿔보면서 매끄러운 흐름이 느껴지는 순간 문서 작성을 멈추면 된다. 연관성 있는 문장을 묶어서 문단이 완성되면 문단과 문단의 내용을 고려하여 서론, 본론, 결론의 큰 틀 아래 배치하면 된다. 1-3-5 법칙에서 5 Ways를 찾아 구성하는 단계이기도 하다. 1단계는 보통 서론에 해당하고, 2~4단계가 본론, 마지막 5단계가 결론에 해당하는 흐름으로 정리하면 된다.

5단계는 작성한 문서를 검토하고 교정 후 마무리하는 단계다.

비즈니스 문서나 보고서를 작성한 후 대부분 부족함이 느껴지는 게 보통이다. 하지만 자신이 써 놓은 글이나 보고서를 객관적으로 평가해서 수정하는 일이 생각보다 쉽지 않다. 대부분의 사람들이 자신의 글이나 문서를 관대하게 평가하는 경향을 보인다. 설령 보고의 목적에 조금 빗겨나가는 부분이 보여도 그동안 기울인 노력이 생각나서 삭제하기가 쉽지 않다. 그럼에도 비즈니스 문서나 보고서는 자기 만족을 위함이 아니다.

철저하게 보고서를 읽는 상대방 입장에서 유용한 내용인지 검증하고 불필요한 내용은 과감하게 삭제해야 한다. 특히 자신의 의견이나 주장을 합리화하기 위해 논리적인 근거가 약한 사례나 확인되지 않은 수치를 사용해서는 안 된다. 그런 사례나 수치들이 당장에는 그럴듯해 보일지 모르지만 보고서를 읽은 후에 상대방의 연속되는 질문에 허둥대다가 한 방에 무너질 수 있다.

자신이 주장하고자 하는 핵심 메시지(*1 Message*)를 뒷받침하는 3가지 근거나 요소(*3 Factors*)를 귀가 아플 정도로 강조하는 이유다. 자신의 의견이나 주장에 대한 상대방의 질문에 제대로 답변하지 못하면 실행 단계인 5 Ways로 갈 수 없다. 자신의 생각 정리를 한다는 것은 자기 성찰 용도 외에는 대부분 다른 사람에게 전달하고자 하는 목적이 있다는 사실을 다시 한 번 기억하기 바란다.

지금까지 설명한 비즈니스 문서 작성 시에 고려해야 할 3가지 요소와 작성 5단계를 1-3-5 법칙으로 정리하면 한눈에 핵심을 볼 수 있다. 만다라트*(활짝 핀 연꽃 모양으로 아이디어를 다양하게 발상해 나가는 데 도움을 주는 사고 기법)*로 정리한 내용을 프린트해서 책상 앞에 붙여 놓으면 비즈니스 문서를 작성할 때마다 지침으로 삼을 수 있다.

1F	2F	3F
문서 작성 목적 명확화	문서 읽는 상대방 고려	상대를 설득하는 핵심내용
1W	**1M**	**2W**
제목 정하기	비즈니스 문서 작성 고려 요소	대상 파악하기
3W	**4W**	**5W**
문서 개요 작성	전체 문서 구조화	검토 및 교정

비즈니스 문서 작성 사례 1 - 제안서

제안서는 떠오른 생각이나 아이디어를 논리적으로 재구성하여 한 번에 상대방을 설득시키는 도구이다. 상사나 클라이언트로부터 바로 Yes를 이끌어내지 못하면 실패한 제안서이다.

제안서를 작성 할 때도 1-3-5 법칙이 유효하다.

첫째, 무슨 주제나 제목으로 제안을 할 것인지 먼저 정해야 한다 *(1 Message)*.

둘째, 제안이 무슨 근거, 원인, 배경에서 이루어졌는지 써야 한다*(3 Factors)*.

셋째, 제안의 구체적인 실행 방안을 제시해야 한다*(5 Ways)*.

3단계의 흐름으로 문서를 작성하고 그 흐름에 따라 보고를 하면 된다. 1-3-5의 흐름을 염두에 두면 별도의 스토리보드나 스크립트 없이도 매끄럽게 제안서를 작성하고 보고를 할 수 있다.

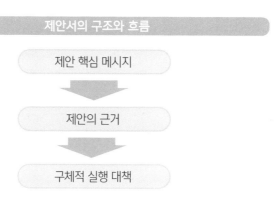

제안서의 구조와 흐름

제안 핵심 메시지

⬇

제안의 근거

⬇

구체적 실행 대책

<업무 개선 제안서>

1. 제목 : 사내 회의 시간 단축 방안 *(1 Message)*

2. 제안 배경 : 팀 회의 시간이 길게 늘어져 생산적인 업무 수행 방해

3. 회의 시간이 길어지는 3대 요인 *(3 Factors)*
    ① 회의 시작 시간을 지키지 않는 관행 존재
    ② 팀장의 권한으로 회의 시간을 임의로 조정
    ③ 회의 종료 시간 지키지 않아도 별도 조치 없음

4. 개선 방안 *(5 Ways)*

① 1시간 초과 시에 직급에 관계없이 회의 종료 선언

② 팀장의 권한에 의한 수시 회의 금지

③ 회의 규정 위반 시에 경고 조치

④ 회의를 금지하는 날 지정 운영

⑤ 사전 공지 없는 회의 개최 금지

5. (상사의) 검토 의견 및 조치 내용

– 제안 발표 후 의사 결정자가 제안 내용에 대한 평가 및 채택 여부 기록

1F	2F	3F
시작 시간 지키지 않음 (관행화)	상사가 회의 시간 좌지우지	종료 시간 지키지 않음 (조치 전무)
1W	**1M**	**2W**
사규의 부서 회의 규정 신설 적용	회의 시간을 단축하는 방안	회의 금지의 날 지정
3W	**4W**	**5W**
1시간 초과회의 금지	사전 공지 없는 수시 회의 금지	회의 규정 어길 경우 경고 조치

마인드맵이나 만다라트 같은 생각 정리 도구로 제안서의 개요와 논리적인 흐름을 잡은 다음에 회사의 서식에 맞게 제안서를 작성하면 된다. 만다라트로 핵심만 정리한 후에 손바닥 크기로 프린트해서 제안서를 발표할 때 써도 좋다.

제안 발표가 끝나고 만다라트를 나눠주면 별도의 회의록 없이도 개선 제안 회의 참가자들에게 강렬한 인상을 남길 수 있다.

콘셉트, 생각 정리의 정수

콘셉트(Concept)의 사전적인 정의는 개념, 사고방식, 주장을 일컫는 말이다. 광고계에서는 소비자를 설득하기 위한 주장으로 활용한다. 시중에 베스트셀러가 된 책이나 패션, 전자 제품들도 그들만의 독특한 콘셉트가 있다. 광고 카피처럼 한 마디 혹은 한 문장으로 설명할 수 있어야 한다.

보통 차별화되는 콘셉트를 얘기할 때 지금까지 들어보지도 못한 특별한 아이디어나 개념을 떠올리기 쉽다. 하지만 평범한 삶을 살다가 갑자기 주변 사람들이 놀랄만한 독특한 콘셉트를 꺼내는 건 말처럼 쉬운 일이 아니다.

카피라이터이자 콘셉추얼리스트인 탁정언은 《컨셉의 연금술사》에서 "자신의 의도를 갖고 의도대로 살아야 콘셉트가 선다"라고 조언한다. 가수 싸이의 콘셉트는 주변 시선을 의식하지 않고 무대를 휩쓸면서 원색적으로 춤추고, 노래하고 신명나게 노는 데 있다. 그가 만약 발라드의 대명사 조성모나 정승환처럼 노래했더라면 세계적인 가수가 되지 못했을 것이다.

출판계에서도 콘셉트의 핵심은 한 마디로 '이 책의 정체는 무엇이다'라고 선포하는 것이다. 정체성(Identity)이라는 말로도 표현할 수 있다. 출판 기획자 입장에서 매일 수십 통씩 투고되는 원고를 제쳐놓고 당신의 원고를 책으로 출간해야 하는 이유이기도 하다.

3,000만 원의 비용을 투자해서 10,000부 이상 팔 수 있는 쓸만한 물건인지 판단하는 시금석이다. 독자 입장에서는 '이 책을 사야 되는 직접적인 이유'와 '바쁜 시간을 쪼개어 머리 아프게(?) 읽어야 되는 근거'를 발견하는 한 문장이다.

독자의 호기심을 유발하고 단숨에 관심을 끌어내기 위해서는 여러 말이 필요 없다. 독자의 고민을 간파하고 이 책만 읽으면 해결된다는 솔루션을 한 마디로 제시해야 한다. 예를《경제학 콘서트》를 읽으면 '경제 IQ'가 높아진다.《내 몸 사용 설명서》는 '명의에게 받는 건강 처방 매뉴얼'이다.《자존감 수업》을 읽고 나면

'자존감이 높아진다'처럼 명확한 메시지가 있어야 한다.

　직접적인 솔루션을 제시하는 메시지를 담은 콘셉트보다 더 효과적인 것은 질문을 통해 독자들의 마음속으로 훅 들어가는 방식이다. 《혼창통》의 경우처럼 "당신은 이 세 가지 요소를 갖추고 있는가?"라고 질문을 던지는 방식이다. 독자는 문득 자신에게 몇 가지 요소가 있는지 궁금해진다. 그러다가 도대체 혼창통이 뭔데? 라는 보다 근본적인 질문에 다다르게 된다. 제목마저 함축적인 키워드로 되어 있어서 독자들은 책의 내용이 점점 더 궁금해진다. 결국 책을 구매해서 자신의 궁금증을 해소하고야 만다.

　매년 12월이 되면 새해의 트렌드를 예측하는 책들이 출간된다. 《아프니까 청춘이다》로 유명세를 치른 서울대 김난도 교수도 연말에 '트렌드 코리아'시리즈를 출간한다. 매년 시대의 흐름을 꿰뚫는 트렌드를 제시함으로써 독자들로부터 큰 호응을 얻고 있다.

　《트렌드 코리아 2017》에서는 '붉은 달의 해, 비상의 날개를 펴라'고 독자의 호기심을 자극한다. 이 책의 콘셉트는 트렌드 전문가들이 제시하는 시대의 흐름을 읽고 '우중충한 전망을 뛰어

넘어 비상하라'이다. 트렌드 서적의 콘셉트를 강조하는 이유는 트렌드 전망서 안에 독자들이 자신의 콘셉트를 발견하는 데 도움이 되는 단서들이 있기 때문이다.

《트렌드 코리아 2017》에서 제시한 주요 트렌드 중의 하나가 1인 가구의 증가에 따른 '1코노미'이다. 사회적인 성공 기준과 다른 사람들의 이목에 신경쓰며 살던 사람들이 이제는 자신에게 집중하여 삶의 의미와 행복을 찾는 방향으로 바뀌고 있다. 이런 라이프 스타일을 추구하는 부류들을 '1인'과 '이코노미'라는 키워드를 조합하여 '1코노미'라는 합성어를 만들어 냈다. '혼술남녀'라는 드라마가 인기를 끌고, '혼밥'이라는 용어가 일상어가 될 만큼 '1인'의 라이프 스타일에 대한 관심이 높아지고 있다.

엘지 디스플레의 회사 블로그의 최신 트렌드 관련 포스팅에 보면 '1코노미'의 '혼밥 레벨'을 제시하고 각자 어느 레벨에 해당하는지 재미 삼아 테스트해 보라는 내용이 있다.

혼밥 레벨 1 편의점에서 라면, 도시락 혼자 먹기

혼밥 레벨 2 선불식당, 푸드코트에서 혼자 먹기

혼밥 레벨 3 분식집에서 혼자 먹기

혼밥 레벨 4 맥도날드, 롯데리아 등 패스트푸드점에서 혼자 먹기

혼밥 레벨 5 중국집, 냉면집, 프랜차이즈 식당에서 혼자 먹기

혼밥 레벨 6 일식점, 전문 요리집 등에서 혼자 먹기

혼밥 레벨 7 피자, 스파게티 전문점, 패밀리 레스토랑에서 혼자 먹기

혼밥 레벨 8 찜닭, 닭갈비, 고깃집에서 혼자 먹기

혼밥 레벨 9 술집에서 혼자 마시기

※ 출처: http://blog.lgdisplay.com/2016/12/trend-2017/

필자도 혼자 지방 근무 경험이 있어 흥미롭게 테스트를 해봤는데, 주로 '혼밥 레벨 3, 분식집에서 혼자 먹기'에 해당되었다. 그냥 심심풀이로 '음!, 나는 혼밥 레벨 4단계'라고 지나쳐버리면 작가나 창의적인 기획자로 가는 길에서 점점 멀어진다. 필자가 굳이 '혼밥 레벨 9단계'를 그대로 가져와서 지면을 할애하는 이유가 따로 있다.

'1코노미'라는 트렌드는 전문가들이 다양한 소비자 조사와 연관 데이터 분석을 통해 검증된 키워드이다. 이 두 가지 요소를 결합해서 자신만의 콘셉트를 건져 올릴 수 있는 안목이 있어야 한다. 독자라면 '1코노미' 트렌드와 '혼밥 레벨 9단계'를 가지고 어떤 콘셉트를 도출해 낼 수 있겠는가? 필자라면 '혼자 잘 먹고 잘 사는 9가지 솔루션'으로 콘셉트를 제시하겠다. 질문형 콘셉트는 '당신은 혼밥 레벨 몇 단계이십니까?'라는 형태로 독자들의 호기심을 유발할 수 있다. 독자들이 속으로 " 헐~ 혼밥에도 레벨이 있어?"라는 반응을 보이면 충분하다.

제목은 '혼밥 레벨 몇 단계'나 '당당하게 혼밥하는 몇 가지 방

법'으로 해도 좋다. 콘셉트과 제목을 구체화시킨 목차는 위에서 제시한 '혼밥 레벨 9단계'를 변형해서 사용해도 좋다. 9단계로 제시되어 있지만, 더 정확하게 표현하면 혼밥이 가능한 9가지 유형 혹은 장소이다.

'혼밥'에 익숙하지 않은 사람의 가장 큰 고민은 혼자 먹는 내 모습이 다른 사람에 어떻게 비쳐질까 라는 자의식이다. 타인의 불편한 시선에서 자유롭지 못하다. 그리고 대부분의 식당에서 기본 2인분을 제시하는 경우가 많아 어떻게 1인분을 효과적으로 (?) 주문할 수 있느냐 하는 문제다. '혼밥'을 하게 될 때 독자들이 불편을 느낄 수 있는 요소들을 간파해서 해결책을 제시하는 기획을 해야 한다. 철저하게 고객 입장에서 고객의 고민과 불편을 덜어주는 정감 있는 기획이 필요하다.

예비 콘셉트 잡기 :
1-3-5 법칙 유형별 적용 사례

우리가 나름대로 스스로 질문을 하고 생각을 계속한다고 해서 상품 기획이 저절로 되는 건 아니다. 하루에 오만 가지 이상으로 셀 수도 없이 많은 생각을 막연히 정리한다고 해서 기획으로 연결되지는 않는다.

자신이 관심 있는 분야의 키워드를 염두에 두고 끊임없이 발상하고 필터링해서 유용한 아이디어를 건져 올려야 한다. 그 아이디어를 기반으로 '기획'이 시작된다. 상품 기획으로 발전시키지 못한 아이디어는 그냥 특별한 생각에 불과하다. 막연한 아이디어가 상품 기획으로 진화하기 위해서는 고객의 요구 사항이나 기대 사항을 충족시킬 수 있는 방향으로 관점의 전환이 필요하다. 그 순간에 아이디어는 상품 기획의 씨앗이 될 수 있다.

고객의 관점을 반영한 아이디어 씨앗이 성장하여 나무가 되어 꽃을 피우고 풍성한 열매를 맺는다. 이것은 상품 기획에서 중요한 의미를 갖는 '콘셉트'가 성장한 나무의 특징을 설명하는 말이다. 물론 씨앗이 나무의 원천이긴 하지만 나무 그 자체는 아니다. 마찬가지로 아이디어가 바로 콘셉트가 될 수는 없다.

상품 콘셉트는 상품 기획의 내용을 요약해서 강렬한 인상을 주는 한 단어나 한 문장이다. 이미 시중에 있는 상품이나 서비스와 차별화할 수 있는 새로운 생각의 표현으로서 아이디어가 구체화된 것이다. 대부분의 경우에 새로운 상품 콘셉트가 광고나 홍보 문구가 되기도 한다.

A 침대 회사는 10년 전에 '침대는 가구가 아니다, 과학이다'라는 콘셉트로 회사의 인지도를 크게 높였다. '침대는 과학이다'라는 콘셉트는 고객들에게 강력한 메시지로 작용한다. 어느 초등학교에서 학생들이 과학 시험을 봤다. 시험 문제는 "다음 중 가구가 아닌 것은 무엇인가요?"였고 이에 많은 학생들이 오답으로 '침대'라고 대답했다. A사의 침대 TV 광고에 인기 탤런트 B씨가 나와서 "침대는 가구가 아닙니다. 과학입니다"라는 메시지를 계속 해서 전달했기 때문이다.

고객에게 어필할만한 콘셉트를 잡기 위해서 상품기획의 내용을 요약하여 한 문장으로 압축해야 한다. 여러 번 수정하여 짧지만 강력하게 설득할 수 있는 메시지로 만들어야 한다. 상품 기획에서 핵심적으로 주장하고자 하는 내용인 1 Message를 상징적으로 포함할 수 있는 특징이나 장점을 잘 파악해야 한다. 이런 특징들을 근거로 만든 상품 콘셉트가 상품기획의 성공 여부를 결정한다고 해도 과언이 아니다.

100세 시대인 지금 건강하게 살려고 다이어트 열풍이 불고 있다. 식습관의 서양화로 인해서 현대인의 비만이 증가하고 있는 추세이다. 편안히 쉬는 시간 부족, 운동할 시간이 부족한 탓이기도 하다. 매스컴과 연예인의 영향을 많이 받아 다이어트 열풍이 급속하게 확산되고 있다. 홈쇼핑 방송과 인터넷에는 연일 다양한 식이요법과 운동요법들이 고객들을 유혹하고 있다. 특별한 비법이라고 광고를 하지만 그 이면을 들여다 보면 결국 매일 꾸준하게 음식의 양을 조절하고 운동량을 늘리는 습관화의 이슈로 귀결된다. 아무리 좋은 다이어트 상품이라도 작심삼일에 그치면 고가의 다이어트 상품이나 프로그램도 무용지물이 되고 만다. 그렇다면 장기간에 걸친 다이어트가 아니라 일상생활과 밀접한 연관성을 갖는 다이어트 방식은 없을까?

다이어트 상품 기획 제안서를 작성할 때도 1-3-5 법칙이 유효하다.

첫째, 어떤 콘셉트로 제안을 할 것인지를 도출해야 한다*(1 Message)*.

둘째, 상품 기획 콘셉트를 뒷받침 할 수 있는 3가지 요소를 정의해
야 한다*(3 Factors)*.

셋째, 상품 기획 제안인 만큼 상품의 구체적인 특징과 장점을 제
시해야 한다*(5 Ways)*.

먼저 콘셉트를 도출하기 위해서 거창한 방법론을 쓸 필요가
없다. 타겟 고객 설정 후에 4P 분석 등 거창한 생각 정리 도구들
을 처음부터 들이대지 않아도 된다. 누구나 다 아는 지극히 상식
적인 질문으로 차근차근 단계를 밟아 나가면 된다. 확정이 아니
라 가상의 결론을 만들어 보는 과정이다. 가설이므로 나중에 수
정하면 그만이다. 가설은 어디까지나 영화의 예고편이다. 가설
을 세워 보는 시도가 중요하다.

먼저 상품 기획의 대상 다시 말해 누구를 위한 것인지*(For
Whom)* 간단하게 써 보면 된다*(상품 기획이나 마케팅 업계에서는 소위 타겟
(Target) 고객 설정이라는 용어를 사용한다)*.

☞ 살을 빼고 싶은 20대, 30대 여성

다음은 20대, 30대 여성들이 고민하는 문제가 무엇인지*(What)*
를 서술하면 된다. 상품 기획이나 마케팅 업계에서는 고객의 니
즈*(needs)*나 원츠*(wants)* 파악이라고 한다.

☞ 온갖 방법을 다 써 봤지만 다이어트에 실패했다. 운동요법과 식이요법을 다 해봤지만 작심삼일, 꾸준하게 할 수 없는 것이 문제다.

다음 단계는 고객의 고민이나 문제에 대한 해결책을 어떻게 (How) 풀어갈지 써 보면 된다.

☞ 운동도 아니고 먹는 것도 아니면서 별도의 시간을 내지 않아도 되는 그 무엇을 찾아서 제시해야 한다.

거창한 생각 도구들을 사용하지 않고 3가지 관점에서 상식적인 질문으로 예비적인 콘셉트의 윤곽을 잡으면 그만이다.

구분	내용
Who	다이어트에 실패한 20대, 30대 여성
What	운동 요법과 식이 요법을 꾸준하게 실천하지 못함
How	운동 요법과 식이 요법 외에 일상의 다른 방식

이후에 3가지 관점을 고려한 가설적인 콘셉트를 염두에 두고 구체적인 솔루션을 찾아가면 된다. 먹고, 운동하는 것 외에 20대, 30대 여성들이 일상적으로 하는 일은 씻는 일과 화장하는 것이다. 화장품을 바르면서 살이 빠지는 방법이나 샤워를 하거나 목

욕을 하면서 살을 뺄 수 있는 방법이 있는지 찾아보면 된다. 배 위에 바르면 뱃살 지방을 태울 수 있는 화장품이나 연고를 고려해 볼 수 있다. 다음으로 샤워할 때 세제와 함께 섞어서 쓰거나 비누로 씻으면 지방이 제거되는 방법과 입욕제와 함께 섞어서 사용하면 살이 빠지는 방식 등을 고려해 볼 수 있다.

'바르기만 해도 살이 빠지는'과 '샤워만 해도 살이 빠지는' 그리고 '목욕만 해도 살이 빠지는'이라는 핵심 어구를 가지고 우선 온라인 포털 검색을 통해 예비적인 콘셉트 문구를 구체화하면 된다.

상품 기획 개요 :
1-3-5 법칙 유형별 적용 사례 2

운동요법과 식이요법으로 다이어트에 실패한 20대, 30대 여성을 위한 솔루션으로 예비적인 콘셉트를 구체화하는 과정을 살펴보기로 하자.

1. 바르기만 해도 살이 빠지는
2. 샤워만 해도 살이 빠지는
3. 목욕만 해도 살이 빠지는

가설적인 콘셉트의 문구를 차례대로 포털 검색창에 입력해서 검증해 보면 된다.

먼저 바르면 살이 빠지는 콘셉트의 제품은 이미 출시되어 있음을 확인할 수 있다.

HD 바디 리프트의 선명한 바디 슬리밍 효과

│ 지방 분자가 배출되는 비밀의 문을 열어, 지방 배출을 최적화 **화장품 업계 최초**

클라란스의 HD 바디 리프트는 화장품 업계 최초로 지방세포 안에
지방 배출 효소의 침투를 막는 얇은 막이 존재한다는 사실을 알아내고
그 얇은 막에 비밀의 문을 열어줄 특허 식물 성분 블루 버튼 플라워를
발견하여 지방 분해와 배출을 획기적으로 높였습니다.

(지방세포 안의 단백질 막을 열어줍니다.)

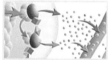
(지방 배출 효소의 활동을 도와줍니다.)

구매하기

2 지방이 저장되거나 확장되지 않도록 억제

운카리아 토멘토사 성분은 지방이 저장되는 것을 억제하고, 바카리스와
홀스케스넛 성분이 지방 조직의 확장을 억제해 줍니다.

3 독소와 노폐물 배출 촉진

세포활동을 통해 생성되는 독소와 노폐물이 엉켜 붙어 셀룰라이트를
형성하지 않도록 마리타임파인 추출물과 홀스 체스넛 성분이 독소 배출을
촉진시켜 줍니다.

※ 출처 : iloveyouox의 네이버 블로그

다음으로 샤워만 해도 살이 빠지는 콘셉트의 제품도 이미 출시되어 있음을 확인할 수 있다.

뱃살-걱정 되십니까? 해결책은 맵시-미 해초비누!

<파워상품> 건강을 해치지 않고 부작용없이 짧은 기간에 다이어트를 하는 방법은 없을까. 날씬한 몸매를 가꾸고 싶어 하는 여성들에게 샤워만 해도 살이 빠진다는 비누가 있어서 화제가 되고 있다. (주)맵시-미(대표 김형철)에서 수입. 판매 하는 ■맵시-미 해초비누■가 바로 그것이다.

[출처] 아침일보.서울일보 / 뱃살을 해초의 기적으로-샤워만 해도 살이 쫙~~|작성자 사각기자

마지막으로 목욕만 해도 살이 빠지는 콘셉트를 입력하면 바로 해당 제품이 검색되지는 않는다. 목욕이나 반신욕만으로도 어느 정도 살이 빠질 수 있다는 내용들이 주를 이루면서 일부 입욕제에 대한 언급이 간간히 보인다. 목욕만 해도 살이 빠지는 입욕제에 대한 가능성이 엿보이는 대목이다.

N   목욕만 해도 살이 빠지는   🖼 ▾ ◯

Smile and Healthy Life♥   2020.08.28.
특정 부위의 살이 빠지는 목욕 방법
특정 부위의 살이 빠지는 목욕 방법 비만 진단은 대개 체성분의 균형상태에 의해 결정되지만 체지방이 인체에... 특정 부위의 비만은 단식을 해도 잘 빠지지 않습니다...

#목욕법   #다이어트목욕법   #살빠지는목욕   #다이어트목욕   #건강한삶

패스카트   2018.08.28.
[일본 구매대행] 목욕만 해도 살이 빠지는 입욕제! '게루마바스'를 ...
20분만 반신욕을 **해도** 2시간 유산소 운동을 한 효과가 있다고도 하죠 체내의 신진 대사를 활발히... 대행 업체를 통해도 국내 가격보다는 훨씬 저렴하죠~ http://www...

#입욕제   #게루마바스   #게르마늄   #일본직구   #일본대행   #직구대행

VIEW 더보기 →

'목욕만해도 살이 빠지는'이라는 콘셉트를 제품화할 수 있는
지를 사전 검증하기 위해 보다 직접적인 '살이 빠지는 입욕제'라
는 용어로 검색하면 된다. 살을 뺄 수 있는 거품 입욕제에 대한
블로그 포스팅 내용을 확인할 수 있다.

지금까지 검토한 다이어트 콘셉트 중에서 자신의 회사나 협
력사와의 제휴를 통해 생산할 수 있는 제품을 고려하여 적합한
콘셉트를 채택하면 된다. 이미 제품으로 출시된 제품들과의 경
쟁력 분석을 통해 자사 제품의 특성을 강화하고 차별화하는 일
련의 과정을 수행하면 된다.

3가지 콘셉트*(1 Message)* 중에서 이미 눈에 띄는 제품이 출시된
1, 2 번을 제외하고 3번 '목욕만 해도 살이 빠지는 다이어트'로
1-3-5 법칙을 적용해 보도록 하자.

상품 기획에서 예비적인 콘셉트는 신제품이나 상품의 개발
방향을 의미한다. 목욕할 때 필요한 세정제나 입욕제에 살을 빼
는 기능성 덧붙인 제품 콘셉트로 구체화될 수 있기 때문이다. 우
선 고객들에게 어필할 수 있는 한 마디, 1 Message는 '목욕만 해
도 살이 빠지는 입욕제'로 설정할 수 있다.

다음으로 '목욕만 해도 살이 빠지는 입욕제'를 뒷받침할 수
있는 콘셉트의 특징을 정의해야 한다. 제품 자체가 갖고 있는 기
능적 특성과 다른 다이어트 방식과의 차별점을 강조하면 된다.
기능적 특성과 차별화 포인트를 고객의 니즈와 연결해서 표현하

면 된다.

< 다이어트 상품 기획 개요 제안 1-3-5 법칙 >

1 Message 어떤 콘셉트로 제안할 것인지를 도출해야 한다.

3 Factors 상품 기획 콘셉트를 뒷받침할 수 있는 3가지 요소를 정의해야 한다.

5 Ways 상품 기획 개요인 만큼 상품의 구체적인 특징과 장점을 제시해야 한다.

'목욕만 해도 살이 빠지는 입욕제'라는 콘셉트의 특징을 뒷받침 하는 요소 중에서, 첫 번째는 '욕조에 풀기만 하면 살이 빠진다'로 정의할 수 있다. 두 번째는 '(다이어트를 위한) 별도의 노력이나 시간이 필요하지 않다'는 것이다. 세 번째는 '음식 조절 없이 할 수 있는 다이어트'라는 점이다.

'목욕만 해도 살이 빠지는 입욕제'를 설명할 수 있는 세 가지 요소(3 Factors)로 정리하면 된다. 1-3-5 법칙의 마지막 단계로 5가지 특징과 장점을 제시하면 된다. 3가지 요소와 연결하여 구체화하면 된다.

Factor 1 욕조에 풀기만 하면 살이 빠진다.

☞ Way 1　반신욕을 하면서 즐길 수 있다.

Factor 2　별도의 노력이나 시간이 필요하지 않다.

☞ Way 2　뛰지 않고 할 수 있다.

☞ Way 3　땀 흘리지 않고 할 수 있다.

Factor 3　음식 조절 없이 할 수 있다.

☞ Way 4　굶지 않고 할 수 있다.

☞ Way 5　약을 먹지 않고 할 수 있다.

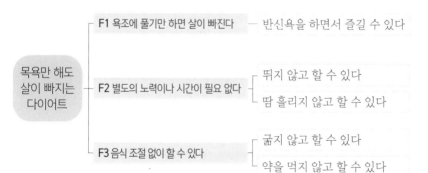

제4장
모든 태스크에 스코어를 부여하라

회계하기 전에 숫자 감각을 익혀라

기업 활동을 객관적으로 표현하는 수단으로 숫자의 중요성을 알지만 여전히 숫자에 대한 막연한 두려움과 거부감이 남아 있을 수 있다. 최근 회계에 쉽게 다가갈 수 있는 회계 관련 서적들이 쏟아지고 있다. 회계 관련 부서에 근무하지 않는 일반 직장인들도 기업의 재무 활동과 경제·금융 관련 지식들을 배울 수 있는 책들이 대형 문고의 경제·경영 서가를 차지하고 있다.

한편 회계나 경제·금융 관련 책을 보고 강좌를 들어도 숫자에 대한 감이 오지 않는다면 숫자에 대한 기본 감각을 익히는 것이 더 중요하다. 재무제표는 물론이고 회사의 각종 보고서에 흘러넘치는 숫자 중에서 중요한 숫자를 볼 수 있는 안목이 필요하다. 숫자가 던져주는 메시지를 읽어 낼 수 있어야 한다.

숫자 감각은 여러 가지 보고서에 나온 수치들을 많이 외운다고 해서 해결되는 것도 아니다. 숫자가 주는 의미도 모른 채 억지로 외운 숫자는 하루만 지나도 기억에서 사라진다. 숫자가 주는 의미를 파악하고 암기해야 머릿속에 오래 남고, 보고를 하는 과정에서도 상사의 질문에 바로 답변할 수 있다. 숫자와 관련된 의미를 간파하고 그 의미를 기억하고 소통해야 숫자 감각이 있다고 할 수 있다.

숫자 감각을 익히기 위해서는 평소에 숫자로 표현하고 소통하는 것이 도움이 된다. 막연하게 '실적이 저조하다'는 표현보다는 '판매 수량은 10% 증가했는데, 매출 감소는 7%'처럼 숫자로 표현하라. 숫자로 표현하기 위해서는 매출 관련 숫자 취합 후에 전월(前月)이나 전년(前年) 대비 증감 여부 분석이 필수적이다. 엑셀 프로그램을 활용하여 증감 여부를 산출할 수 없는 실력으로 숫자 감각을 기대한다면 우물에서 숭늉을 찾는 것과 같다.

엑셀 프로그램으로 매출의 증감 여부를 숫자로 표현했다고 해서 숫자 감각이 완성되지 않는다. '판매 수량은 10% 증가했는데, 매출이 7% 감소했다'니 상식적으로 이해가 되는 숫자인가? 이럴 경우에는 엑셀의 데이터 산출 공식이 잘못되어 있는지 먼저 살펴보아야 한다. 산출 로직(logic)에 문제가 없다면, 숫자가 주는 의미를 읽어낼 수 있어야 비로소 '숫자 감각'이 있다고 할 수 있다.

판매 수량은 늘었는데 매출 금액이 줄었다면 전년 혹은 전월 대비 판매 가격에 조정이 있었음을 간파할 수 있어야 한다. 일반 대리점에 나가는 시판 물량에 프로모션 인하의 영향인지 대형 특판 물량에 올림픽 이벤트로 기준 가격대비 과도한 매출 할인 이 있었는지 추가적으로 살펴볼 수 있어야 한다. 전년 혹은 전월 대비 기준 가격 대비 할인율을 비교해서 제시하면 숫자 감각이 있다고 볼 수 있다.

이런 상황에서 당신의 상사가 "시판 대리점에 4%씩이나 가 격을 할인한 이유가 뭐지?"라는 질문을 하면 어떻게 대답할 것 인가? "요즘 시황이 어렵고 불투명해서 대리점 사장님이 사업하 기 힘들다고 해서 가격 지원을 했습니다."라고 답변하면 죽음이 다. 그런 식으로 답변할 요량이면 "이 대리, 차라리 네가 나가서 대리점을 차려라"는 최후 통첩을 기다리면 된다.

팀장의 질문에 대한 영업사원 이 대리의 답변에 팀장이 폭 탄을 던진 이유는 상황을 설명할 수 있는 구체적인 숫자가 빠져 있어서 그렇다. 숫자 감각을 가진 영업사원이라면 어떻게 답변 할까?

"서울 4개 상권 지역 중 격전지인 서부 지역에 A경쟁사 대리 점의 저가 수주로 인해 M/S(Market Share)가 기존 40%에서 35%로 밀리고 있습니다. 경쟁사의 M/S 잠식을 방어하는 차원에서 자사 의 B대리점에 4% 가격 지원을 했습니다."라고 답변하면 숫자 감각이 있는 영업사원으로 인정받을 수 있다.

여기서 한 발 더 나아가 영업팀장이 "언제까지 가격 지원이 필요한가?"라고 질문하면 어떻게 답변하면 좋을까? 팀장의 질문에는 가격 지원의 기한과 지원 기간에 따른 할인 예상 금액을 알고 싶다는 의도가 깔려 있음을 간파할 수 있어야 한다.

"경쟁사 대리점의 저가 수주는 계절 프로모션 성격으로 3개월 정도 지속될 것 같습니다. 서부지역 자사 대리점의 월 평균 매출이 1억 정도입니다. 3개월 동안 4% 가격 지원을 한다면 대략 1,200만 원 정도 가격 할인이 추가적으로 발생할 것 같습니다."라고 답변하면 된다.

평소에 상사와 업무를 진행하면서 숫자로 표현하고 소통하면 논리성과 객관성이 확보되면서 상사의 마음을 움직이고 각종 품의서의 결재를 쉽게 받아낼 수 있다. 그래도 여전히 회사 업무와 관련된 숫자에 대한 감이 없어서 어렵다면 일상생활을 하면서 숫자 속에 숨겨진 의미를 파악하는 연습을 하면 도움이 된다.

회계는 기본 중의 기본

입사 후에 직장 생활을 하다보면 가장 유용하게 사용하는 업무 스킬이 3가지가 있다.

맡고 있는 직무의 특성상 외국어를 사용하지 않는 경우라면 대부분 직장인들에게 유용한 업무 기술은 회계, 엑셀, 파워포인트이다. 엑셀, 파워포인트는 그렇다 하더라도 '회계'에는 고개를 갸우뚱하시는 분들이 있을 줄 안다. 회계? 돈 계산하는 건가? 비용 전표와 차변·대변 등 용어만 들어도 머리 아프다. 신입사원 때 필수과목으로 반강제적으로 회계 강좌를 듣고 시험을 본 탓인지 애정이 안 간다.

회계는 직장에 있을 때뿐 아니라 퇴직 후에도 유용한 업무 지식이자 스킬이다. 샐러리맨이 생존할 수 있는 방법은 승진, 재테크,

이직, 창업 등이 있다. 회계 지식은 앞에서 열거한 샐러리맨의 생존의 길들을 열어주는 길잡이 역할을 한다.

회계라는 용어만 들어도 머리가 지끈거리고 중·고등학교 시절 수학의 망령이 되살아나서 괴로울 수도 있다. 필자도 수학 점수에 따라 전교 등수가 널뛰기를 하고, 수학 점수 때문에 스카이 대학에 진학하지 못해서 숫자라면 거부 반응이 든다. 그런데 직장에서 다루는 회계는 고차원 방정식이나 함수나 수열이 아니다. 초등학교 고학년 수준의 사칙연산만 할 수 있으면 무난하게 회계의 숫자 속에 담긴 의미와 메시지를 읽어낼 수 있다.

전업 주부들이 남편이 벌어다 주는 월급을 인풋으로 잡고 한 달 동안 소비한 내역을 가계부에 적고 나서 한 달 후에 남은 잔액이 얼마인지 살펴보는 과정과 크게 다르지 않다. 들어오는 월급에 비해 지출 금액이 많으면 가계 부도가 나기 전에 적금을 깨거나 마이너스 통장을 만들어서 대처한다. 동시에 지출 내역 중 지난 달에 비해 과도하게 지출한 항목이 있는지 살펴보고, 그 원인이 무엇인지 파악하여 그 부분을 줄이기도 한다.

회사에서도 매출을 통해 벌어들인 수익이 인건비를 비롯한 각종 비용으로 충당하고 부족하면 차입금 형태로 보충해서 기업의 부도나 도산을 막는다. 전월 대비 증가한 비용 항목을 중심으로 비용이 증가한 원인을 파악하고, 각 부서에 운영비용을 줄일 수 있는 방법을 강구하라고 협조 메일을 보낸다. 기업의 경우 생산성 향상과 제조원가 감축 등을 통해 투입 비용을 줄이고 수익을 낼 수 있다.

회계는 개인보다는 조직에 필수적이다. 재무 정보는 회사의 운영 상태를 판단하는 객관적인 자료로, 데이터의 내용이 투명하게 공개될 때 완성된다. 회사의 재무 상태를 있는 그대로 반영하는 정확성, 경쟁사와 비교하고, 내부적으로 전월·전년과의 비교 가능성을 그 특징으로 한다. 다가 올 분기, 연간 자금의 흐름을 가늠할 수 있는 미래 예측성까지 고루 갖추고 있다.

회계는 기업의 경영 성과를 숫자로 표현하는 공증된 방식이다. 기업회계 준칙에 따라 공정한 회계 처리를 통해 기업 재무 정보를 산출한다. 회사 규모가 크고 업무가 분장된 회사에서는 재무제표는 회계팀에서, 관리회계는 경영 관리팀에서 만들어낸다. 회계는 회계장부 속에 담긴 데이터의 사용 목적이나 용도에 따라 크게 3가지로 나눠 볼 수 있다.

먼저 재무회계는 회사 외부인들에게 기업의 성과 정보를 전달하는 기능을 한다. 주로 투자자들이 재무제표를 보고 기업의 건전성과 미래 성장성을 판단하여 해당 기업의 주식이나 채권을 살지 말지 결정하는 기준으로 활용한다.

다음으로 세무회계는 국세청에 세금 징수용도로 활용된다. 세무회계는 국가가 제정한 세법에 따라 회계 처리를 하기 때문에 재무 회계와 수차가 조금 차이가 나기도 한다.

관리회계는 회사 내부 경영자와 임직원들이 모여서 의사 결정을 할 때 필요한 회계이다. 재무제표는 외부로 공개되는 자료라서 양식이 유사하지만, 관리회계는 경영자가 중점적으로 보고자 하는 내용에 따라 표현 양식이 달라진다. 회사에서 매월 업무성과 공유회에 등장하는 장표가 관리회계의 결과물이라고 이해하면 된다.

직장인에게 회사의 성과 창출에 기여할 수 있는 업무 처리 능력은 승진을 위한 필수 요건이다. 성과를 내기 위한 창의적인 아이디어를 실행하기 위해서는 회사의 유한한 자원을 효율적으로 투자하기 위한 재무적 고려가 필요하다. 중간 관리자에서 팀장 이상으로 올라갈수록 회계의 작동 원리를 알아야 한다.

특히 비교 가능성과 미래 예측성에 무게를 두고 숫자 이면에 숨겨진 메시지를 읽어낼 수 있어야 한다. 창의적인 아이디어를 실행하기 위한 인풋(투자 금액) 대비 예상 아웃풋(매출 및 수익)을 숫자로 표현해서 경영진을 설득하고 수익 창출 이후에도 자신의 기여도를 숫자로 보고해야 하기 때문이다. 그럼에도 여전히 필요한 수학 지식은 사칙연산이니 크게 부담을 가질 필요는 없다.

영업이나 마케팅에 근무하는 종사자라면 경쟁사 분석을 위해 필드에서 시장 조사를 하기 전에 경쟁사의 재무제표를 자사의 재무제표와 비교하여 기초 자료로 요긴하게 활용할 수도 있다. 팀장급 관리자라면 재무제표를 보고 회사의 운영 상태를 파악하고 경쟁사 재무제표와 비교해서 시황의 흐름을 파악할 수 있어야 한다.

평범한 직장인의 월급 통장은 카드 사용 대금과 각종 공과금과 고지서 등의 지출 금액이 빠져나가기 위해 머물다 가는 정거장인 경우가 많다. 월급이 마약 같다고 하는 이들도 있다. 딱 먹고 살고 죽지 않을 만한 수준으로 책정되어 있어 과감하게 사표를 쓸 수 없게 만드는 효과가 있다. 마약 같은 월급을 끊고 자유인(?)으로 살기 위해 재테크를 할 때도 회계 지식이 필요하다.

주식해서 돈 벌었다는 직장인이 없기는 하지만, 만약 주식에 투자한다면 재무제표를 읽고 투자하고 싶은 회사의 재무 건전성과 미래 성장성을 가늠해 볼 수 있다. 장기적인 안목에서 성장 가능성이 높은 회사의 주식을 사서 묻어두는 투자 전략이 근거 없는 '묻지마' 투자나 단기 투자로 돈을 잃는 것보다 더 낫다.

마지막으로 직장 생활을 하다가 피치못할 사정으로 이직하는 경우에도 회계 지식이 유용하다. 상사와 동료들과 대인 관계 문제로 이직하는 경우가 대부분이지만, 그와는 반대로 더 좋은 조건을 수락해서 이직하는 경우도 있다. 이직할 때 당장 받게 될 인상된 연봉과 복리후생 조건도 중요하지만, 옮겨가게 될 회사의 재무 상태와 미래 성장 가능성을 확인하고 가는 것이 현명하다.

재무제표에 핵심 정보들을 스캔하고 이직할 회사의 안정성과 성장성을 판단하고 가면 된다. 최대주주가 누구이며 지분의 구성은 어떻게 되어 있는지, 계열사나 자회사 현황은 어떤지, 회사의 주력 사업이 무엇이고 어떻게 수익을 내는지, 미래에 성장 가능성은 무엇인지 등을 확인할 수 있다. 재무제표의 숫자에 담긴 의미를 곱씹어 보고 신중하게 이직해도 늦지 않다.

샐러리맨이라면 회사의 경영활동에 관심을 가져야 한다. 회계는 기업의 경영활동의 결과와 미래의 성장 가능성을 숫자로 표현한 것이다. 회사에 입사해서 퇴직하는 그 날까지 회계의 영향력에서 벗어 날 수 없다. 당장 발등에 불 떨어진 보고서에 들어갈 데이터를 채우기 위한 몇 가지 숫자만 보지 말고 시야를 넓혀 회사의 재무제표를 볼 수 있는 안목을 길러라. 회사의 숫자에 둔감했던 과거를 회개하고, 지금부터라도 회계하라!

계수 조작의 유혹에 빠지지 마라

虛則知實之情, 靜則知動者正 *(허즉지실지정 정즉지동자정)*

마음을 비우면 실정을 알 수 있고, 고요하면 행동의 올바름을 파
악할 수 있다*(한비자)*.

'마음을 비우라'는 말은 평범한 일상보다 종교 지도자들의 설
법 시간에 더 많이 듣는 권면이다. 고도의 집중력을 발휘해야 하
는 스포츠 경기에서 감독들이 양궁이나 수영 선수들에게 거듭
요청하는 말이기도 하다. 염불보다 잿밥에 더 관심을 쏟게 되면
비워내야 할 마음에 정반대로 욕심이 가득 차게 된다.

바람이 부는 날의 양궁 결승전에서도 화살 시위의 향방을 예
측해서 쏠 수 있도록 과녁에 집중해야 한다. 상대 선수와 점수 차

이만 계산하고 있으면 마음이 흐트러져 결정적인 한 발을 제대로 쏠 수 없다.

사심이 발동하여 법정에서 판결의 방향이 바뀌고 심지어 원고와 피고의 입장이 뒤집어지는 일들은 더 이상 있어서도 안 된다. 유전무죄 무전유죄(有錢無罪 無錢有罪)는 "돈이 있을 경우 무죄로 인정되어 풀려나지만 돈이 없는 경우 유죄로 댓가를 치른다"는 말이다. 이런 부당한 속설이 더 이상 통하지 않도록 법을 집행하는 이들도 돈에 새겨진 숫자의 유혹을 물리쳐야 한다.

우리가 직장 생활 속에서도 사심을 버리고 마음을 비워내야 할 이유는 뭘까?

먼저 사심(私心)을 버리지 않으면 어떤 상황에서도 바른 판단을 내릴 수 없기 때문이다. 무슨 일이든지 사심이 개입되면 자신의 입장에서 유리한 점만 취하고 끝나지 않는다는 데 그 심각성이 있다. 타인의 처지를 고려하지 않는 우를 범하고 결국 주변 사람들에게 막대한 피해를 끼치게 된다. 사회적으로 명망가나 정부의 고위직, 기업체의 경영진이라면 조직에 미치는 파급 효과를 염두에 두고, 편파적인 의사 결정을 내리지 않도록 사심(私心)을 경계해야 한다.

사심이 개입되면 예나 지금이나 계수 조작을 통해 다른 사람들을 속이거나 올바른 판단을 왜곡시킨다. 물건을 사고 팔 때 저울을 사용하던 시절에는 저울 눈금을 속여서 이익을 취했다. 오늘날에는 주주들에게 마치 엄청난 수익이 난 것처럼 기업 회계 보고서의 숫자를 조작하기도 한다. 미국의 엔론사는 마치 한 편의 드라마처럼 성장하고 급격한 추락을 보여준 대표적인 기업이다.

회계 보고서 조작으로 인한 엔론의 추락은 수천 명을 실업자로 내몰았고, 주가도 90달러에서 1달러 이하로 급락했다. 세계 금융의 중심지인 월스트리트의 근간을 흔들고도 남았다. 회계 보고서 조작으로 자신들만의 이익을 챙기려는 사심에 가득찬 이들로 인해 주변 사람 수만 명이 피해를 입은 대표적인 사례다.

우리나라에서도 K 도지사가 '국제 보트쇼 유치 성과'의 실적을 부풀려 발표했다가 한 언론사의 추적으로 망신살이 뻗치기도 했다. 도민들에게 자신의 치적을 자랑하기 위해 무리하게 목표를 설정하여 일을 추진하고 성과가 돋보이도록 숫자를 임의로 조정한 것이다. 올바르지 못한 방법으로 국민의 지지를 얻으려던 사심으로 오히려 국민들의 신뢰를 잃어버렸다. 그 후에도 (그는) 몇 차례 부적절한 처신으로 결국 대선 후보군에서도 밀려나고 말았다. 정당한 방법으로 민심(民心)을 얻었어야 되는데, 계수 조작을 시도한 자의 말로를 보는 것 같아서 뒤끝이 개운치가 않다.

이에 대해 노자는 "성인은 언제나 사심이 없으니 백성의 마음을 자신의 마음으로 삼는다(聖人恒无心, 以百姓之心爲心)."고 일침을 가한다. 국민들은 자신들이 선출한 국가 지도자 들이 공평무사(公平無私)하게 일을 처리하여 살기 좋은 나라를 만들어 주길 기대한다. 공평(公平)'은 어느 한 쪽으로 치우치지 않고 고름을 의미한다. 무사(無私)는 공적(公的)인 범위 내에서 관계를 맺고 있다는 말이다. 국민이나 주민들에게 골고루 혜택을 돌려주되 (정당한 월급 외에) 제 밥그릇을 따로 챙기지 않는다는 뜻이다.

어느 조직이든 리더가 자기 밥그릇부터 챙기고 자신에게 이익이 되는 자들의 주머니만 두둑하게 하면 머지 않아 무너지게 된다. 특히 계수 조작을 통한 눈속임은 자신과 회사의 몰락은 물론이고 언론에 공개되기라도 하는 날에는 집안 전체가 쑥대밭이 된다. 자식들의 얼굴에 먹칠을 하고 그들의 미래에 짙은 먹구름을 얹어주게 된다.

공평무사(公平無私)한 언행으로 사람들의 신뢰를 얻기 위해서는 사심(私心)을 버리고 마음을 비우는 연습을 날마다 해야 한다. 그래야 자신을 따르는 사람들의 형편과 처지에서 무엇이 문제인지 제대로 들여다 볼 수 있고 그들의 기대에 부응할 수 있다. 조직의 리더로서 불편부당(不偏不黨)한 일 처리로 구성원들의 지지와 신뢰를 한몸에 받을 수 있다

데드라인의 중요성

직장인들에게 미루는 습관이 있냐고 질문하면 십중팔구는 그렇다고 고개를 끄덕인다. 필자도 마찬가지다. 대부분 비슷한 경험을 공유하고 있겠지만 일을 퍼일차일 미루다가 마감 시간이 가까워지면 자기도 모르는 능력이 슈퍼맨처럼 솟아나서 난제들을 풀 수 있는 솔루션이 짧은 시간에 쏟아질 때가 있다. 일을 처리하는 속도와 효율이 평상시에 2~3배 정도 급격하게 증가한다. 이처럼 마감 시한이 명시되고 초침이 움직이기 시작하면 주어진 일에 더욱 집중하는 현상을 '데드라인 효과'라고 한다.

데드라인은 어떤 일을 마감하는 시각이나 날짜를 일컫는 특히 신문사의 원고 마감 시각을 의미한다. 데드라인이라는 용어가 일 분 일 초를 다투는 신문사의 원고 마감에 쓰는 이유나 배경을 살펴보고 직장 생활에 적용하면 의미있는 결과를 얻을 수 있다. 언론사 기자들에게 데드라인은 생명선에 가깝다. 팔딱거리는 물고기처럼 적절한 타이밍에 기사가 나가지 않으면 뉴스로서 생명력을 잃어버리기 때문이다.

전쟁 같은 직장에서 용병처럼 살아가는 샐러리맨들이 지켜야 할 생존의 마지노선이기도 하다. 특히 상사의 업무 지시로 절대적인 시간이 지정된 상황이라면 당신의 업무 능력과 성실성이 매번 검증 받는 기준점이기도 하다.

상사의 업무 지시나 회사에서 주어지는 각종 프로젝트에 명시된 마감 기한을 어떻게 지켜내느냐에 따라 직장에서 당신의 운명이 결정된다. 운명이라는 단어를 굳이 쓰는 이유는 한정된 시간을 사는 우리 인생에서 타이밍이 중요하기 때문이다. 회사에서 주어지는 데드라인은 사업적인 기회를 선점하고 위기를 돌파하기 위해 적절한 시기에 특별한 조처가 이루어져야 하는 타이밍의 미학이다. 이것을 머리로는 알면서도 매번 데드라인을 지키지 못하는 이유가 뭘까? 그 근본적인 이유는 업무의 우선 순위를 제대로 분류하지 못하고 몇 가지 일에 갈팡질팡하다가 상사나 고객이 기대하는 최적 타이밍을 놓치기 때문이다. 신입사원 입사 교육과 상사들의 훈계 덕분에 머리로는 우선 순위의 중요성을 알면서도 실행하지 못하는 데는 몇 가지 이유가 있다.

먼저 외부적인 요인으로 감정이 지나치게 다운되거나 여하한 이유라도 화난 상태가 지속되지 않도록 유의하라. 불쑥 끼어든 감정을 처리하느라 그 우선 순위가 낮아질 때까지 업무 리스트는 우선 순위 상단으로 올라가기 힘들다. 감정 처리를 하는 동안 이성적인 뇌는 체계적인 사고가 지연되거나 마비될 수 있다. 직장 생활을 하면서 워라밸보다 중요한 것이 가정사나 연인 등 타인과의 관계에서 발생한 부정적인 요소가 회사 업무를 처리하는 동안 개입되지 않도록 감정을 통제하고 조절하는 일이다.

다음으로 업무들의 우선 순위를 정하려면 이전에 업무를 체계적으로 분류하는 작업이 필요하다. 업무를 중요도나 시급성 등의 기준으로 나눠야 한다. 한편 외부 활동이 왕성한 사람이나 소위 오지랖이 넓은 사람들은 업무 리스트에 자신의 관심사를 갑자기 끼워 넣기도 한다.

업무 리스트를 생각하다가 갑자기 떠오른 온라인 동호회 줌 미팅이 떠오르면 거기 준비에 몰두하다가 회사 업무는 데드라인에 임박해서 처리하는 우를 범하기도 한다. 당연지사 업무 우선 순위는 뒤로 살짝 밀리고 업무 아웃풋 수준은 낮아지기 마련이다. 그러면서도 정작 자신은 멀티태스킹이 가능한 유능한 인재라고 착각하는 경우도 있다.

아이젠하워 매트릭스는 미국 대통령 아이젠하워가 창안한 업무의 우선 순위를 정하는 툴이다. 아이젠하워 매트릭스는 부여된 업무를 '1. 긴급, 2. 긴급하지 않음, 3. 중요, 4. 중요하지 않음'

의 4가지로 분류하고 아래의 기준에 따라 업무의 우선 순위를 결
정하는 방식이다.

> 1. 실행 – 중요하고 긴급하게 해야 할 일
>
> 2. 계획 – 중요하지만 긴급하지는 않은 일
>
> 3. 위임 – 중요하지 않지만 긴급한 일
>
> 4. 제거 – 중요하지도 긴급하지도 않은 일

아이젠하워 매트릭스로 자신의 가정사와 자기계발, 회사 업
무를 종합적으로 구성해보면 아래 그림과 같다. 아이젠하워 매
트릭스는 2×2으로 분할하고 '긴급함, 긴급하지 않음, 중요함, 중
요하지 않음'으로 분류해서 우선 순위를 순차적으로 차근차근
실행하면 된다.

B. 중요하지만 긴급하지 않은 일
성공과 관련된 것으로 계획을 세
워 시간과 노력을 투자해야 한다.
커리어 개발, 재테크, 운동, 가족
과의 소통 등

A. 중요하고 긴급한 일
지금 당장 빠르게 처리해야 한다.
급히 마감해야 하는 보고서, 갑자
기 발생한 문제나 서비스 시 고객
응대 등

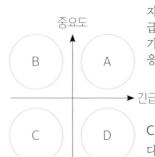

D. 중요하지도 긴급하지도 않은 일
일과는 무관한 범주다. TV 시청,
게임하기, 소모임 갖기, 취미생활
하기 등

C. 중요하지 않지만 긴급한 일
다른 적임자에게 권한을 위임을
한다. 조사 분석이나 트렌드 워
칭, 전화 받기, 회의 준비하기 등

열 배 더 일할 수 있는 시간 투자법

할 일은 흘러넘치고 늘 시간은 부족하다. 직장 생활을 하다 보면 매번 시간에 쫓기는 자신을 발견하게 된다. 기업들 간에 경쟁이 격화되면서 회사에서 요구하는 업무도 늘어나고, 자신이 중점적으로 계발해야 할 요소들도 점점 많아지기 때문이다. 영어와 G2의 영향력으로 부상한 중국어는 기본이고, 체력 유지를 위한 운동도 필요하다. 거기다 업무에 요긴한 각종 자격증 공부까지 병행해야 한다. 누구에게나 공평하게 주어진 24시간이라는 시간을 어떻게 효율적으로 쓰느냐에 따라 직장 생활의 질이 달라진다.

샐러리맨과 스튜던트의 합성어인 '샐러던트'가 신종 용어에서 일상용어로 자리 잡았을 정도로 바쁘게 살아가는 직장인들에게 '시테크'가 필요하다. 시테크는 재테크의 한 형태로, 시간을 한정된 고급 자원으로 인식하고 시간을 효과적으로 사용하기 위한 시간 사용 전략이다. 시간 사용에 굳이 전략이라는 거창한 용어를 붙이는 이유는 '선택과 집중'이라는 의미를 부각시키기 위함이다.

시간을 돈으로 인식하는 기존 '시테크' 개념과의 차이점은 성과를 창출할 수 있는 업무를 선택하여 집중적으로 시간을 투자하는 데 있다. 동시에 성과 창출에 적합한 핵심 업무의 수행에 걸리는 시간을 예측하고 주변 동료들과의 시간을 동조화하는 방식이다. 직장 생활에서는 타인의 시간도 소중한 자원이므로 함께 모여서 해결하고 공유하는 시간을 할애해야 하기 때문이다.

누구나 알고 있는 ○○○○플래너에 관한 여러 강좌를 듣고 나름 기록도 해보지만 지속하지 못하는 이유는 무엇일까? 직장인이라면 깨어서 활동하는 12시간 중에 8시간 이상을 회사에서 보내는 상황에서 온전히 개인이 자유롭게 활용할 수 있는 시간은 지극히 제한적이다. 직장인의 한정된 시간을 관리하고 활용하기 위해 시간 관리 개념을 다시 정의할 필요가 있다.

익숙한 시간 관리라는 용어 대신 '시테크'라는 용어를 쓰는 이유는 시간을 자산으로 인식하는 발상의 전환이 중요하기 때문이다. 시간은 관리의 대상이 아니라 투자의 대상이다. 투자에서 가장 중요한 포인트는 돈이 될만한 종목에 돈을 쏟아 붓는 것이다. 직장인의 '시테크'에서도 중요한 포인트는 성과가 날만한 업무에 시간을 집중적으로 쏟아 붓는 것이다.

직장 생활을 하다 보면 주니어는 스스로 계획한 시간대로 활용할 수 없는 입장에 놓여 있다. 대부분 팀 전체에서 배분된 업무를 할당받거나 상사로부터 수시로 주어지는 업무를 처리해야 하기 때문에 시간을 관리할 수 없는 입장에 놓여 있다. 몇 시부터 몇 시까지 특정 업무를 하겠다는 계획은 말 그대로 계획일 뿐이다.

직장 생활에서 업무가 뒤틀리고 데드라인이 지켜지지 않는 주요한 요인 중 하나는 어림짐작으로 업무의 중요도와 긴급도를 파악하고 무턱대고 일을 처리하는 것이다. 업무 중요도와 긴급도에 따라 일을 처리하라는 조언은 시간 관리를 주제로 한 서적에서 흔히 볼 수 있는 내용이라고 반론을 제기할 수도 있다. 하지만 여기에서 중요한 포인트는 중요하고도 긴급한 일을 처리하는 데 걸리는 시간을 예측할 수 있는가이다.

핵심 업무의 처리 소요 시간을 알아야 팀 공통 업무나 회의, 상위 부서에서 선점하는 시간 등을 피해서 일정을 적절하게 배치할 수 있다. 직장인의 시간 관리는 핵심 업무를 처리할 수 있는 개인의 역량과 밀접한 관련을 맺고 있다

시간 관리 자체보다 중요한 것은 하루 단위로 처리해야 할 업무 리스트를 나열하고 중요도와 긴급도에 따라 과업의 우선 순위를 정하는 일이다. 중요도와 긴급도를 파악할 수 없는 과제나

경험이 미천해서 판단이 어려운 경우에는 직장 선배나 상사의 자문을 구할 필요가 있다.

거기에 덧붙여 일의 성격이 혼자서 처리할 수 있는 이슈인지 다른 사람의 협조가 필요한지를 파악할 수 있어야 한다. 홀로 처리할 수 없는 일이라면 자신의 시간 외에도 다른 사람의 시간을 빌려와서 활용해야 하기 때문이다. 예를 들어 다른 팀 담당자와 별도의 회의를 통해 이슈를 정제할 필요가 있는 일이라면 사전에 서로 시간을 조율하는 일이 필요하다.

특히 협의 대상자가 팀장급 이상이라면 일주일 전에 활용 가능한 시간에 대한 합의가 필요하다. 팀장급 이상의 일정은 임원들의 일정과 연동되기 때문에 반드시 사전에 확인이 필요하다. 직장인의 시간 관리는 조직의 운영 원리를 알고 다른 사람의 시간과 내 시간을 일치시켜 업무를 처리하는 것과 맞물려 있다.

주니어와 중간 관리자들의 시간 관리에서 가장 중요한 포인트는 상사와 업무 연관 부서들의 일정표를 매일 체크하고 적어도 일주일 동안 어떤 주요한 보고가 있는지 살피는 일이다. 대표 이사를 비롯한 주요 임원들의 회합 일정이 정해지면 거기에 따라 팀장의 주요 일정이 정해진다.

임원들과 연계된 팀장급의 주요 일정은 팀원들에게 보고서 작성을 요구할 수 있다는 사실을 미리 예측할 수 있어야 한다. 보고 주제가 명기된 일정이라면 사전에 해당 주제에 대한 이슈를 예상하고 관련 자료들을 하나의 폴더에 모으고 팀장의 업무 지시를 기다리면 된다. 해당 주제에 대한 보고서를 작성하는 데 걸리는 시간까지 예측할 수 있다면 금상첨화다. 중간 관리자로서 상위자들이 요구하는 보고서와 소요 시간을 예측할 수 있으면 자신만의 경쟁력이 될 수 있다.

다음으로 실무적인 차원에서 업무 처리 시간을 단축함으로써 시간을 버는 방식을 적용하면 효과적이다. 예를 들어 독수리 타법으로 타자를 치고 있다면 정식으로 타자를 배울 필요가 있다. 당장은 시간이 걸리겠지만, 독수리 타법 대비 정식 타자 속도의 차이에 근무 연수를 곱하면 훨씬 많은 시간을 벌 수 있다.

엑셀의 활용도를 초급에서 중급으로, 중급자라면 고급으로 활용 수준을 올리면 그것만으로도 시간을 추가로 벌 수 있다. 또한 어느 회사나 공통의 관심사이지만 해결되지 않는 영원한 숙제인 회의 시간을 단축시키면 팀원 모두가 시간을 벌 수 있다.

마지막으로 시간 관리 도구와 관련하여 직장인의 현실에 맞는 적합한 방법을 찾아야 한다. 스스로 시간을 통제할 수 있는 입장이라면 기존에 유명한 ○○○○플래너를 사용해도 무방하다. 만약 직장에서 자신의 위치가 상사의 지시나 다른 상위 부서의 일정에 따라 춤을 추는 위치라면 비싼 ○○○○플래너에 목을 맬 필요가 없다.

가뜩이나 숨 막히는 직장 생활의 연속인데 소중한 시간마저

○○○○플래너의 틀에 갇혀서 살 필요가 없다. 굳이 정형화된 양식이 아니더라도 일반 다이어리 월간 계획에 상위자의 일정 중 자신과 연관된 일정을 기입하면 된다. 팀 공통 회의와 회식, 다른 팀과의 업무 미팅 일정 등을 기입하면 비어 있는 일자와 시간이 눈에 들어온다.

임원진과 연결된 팀장의 주요 보고 일정을 중심으로 적어도 3일에서 5일간은 하루 중 반나절 정도는 보고서 준비를 위해 비워 놓고 일상적으로 반복되는 업무들을 배치하면 된다. 다음에 하루 단위로 처리해야 할 업무 리스트를 나열하고 중요도와 긴급도에 따라 순차적으로 배치하면 된다. 각각의 업무에 소요 시간을 산출하거나 예측할 수 있다면 시간의 길이에 맞게 비어 있는 시간대에 구성하면 된다.

직장인의 시간 관리는 단순히 시간 계획을 세우고 플래너에 기입하는 것이 아니라는 점을 다시 한 번 상기할 필요가 있다. 성과를 창출할 수 있는 업무를 선별하고 집중적으로 시간을 투자하는 마인드와 업무 실행력을 동시에 갖추어야 한다. 동시에 타인의 시간도 소중한 자산임을 알고 상사와 주변 동료들과 시간을 동조화하고 사전에 조율하는 것도 명심하기 바란다.

제5장

자기계발, 아웃풋 중심으로 전환하라

질문을 통해 일의 가치를 파악하라

불언이자득자 내자득야*(不言而自得者 乃自得也)*

아무 말이 없고 스스로 깨닫는 것이 자득이다*(근사록)*.

깨달음을 얻기 위해 혹은 깨달음을 통해 속세를 떠나는 이들도 있다. 석가모니는 29세에 출가하여 6년간 고행 후에 보리수 아래에서 깨달음을 얻어 부처가 되었다. 큰 깨달음을 얻고 귀족의 화려한 조건과 보장된 삶을 뒤로한 채 수양과 설법의 길로 들어섰다. 큰 깨달음을 통해 종교를 창시하는 수준은 아니라 할지라도 직장인들도 일상 속에서 소소한 깨달음을 통해 의미있고 행복한 삶을 살 수 있다.

일상 속에서 깨달음은 그 시기와 감흥의 내용이나 깊이가 다를 뿐 누구에게나 찾아온다. 석가모니처럼 고행을 통한 큰 깨달음이 아니라도 상관없다. 치열한 독서 중에 만나게 되는 울림을 주는 명문장, 감동적인 영화의 명대사, 자연 다큐멘터리에 등장하는 동물들의 생존 방식 등을 통해 깨달음을 얻을 수 있다.

시의 비유적인 표현 속에 담긴 깨달음을 통해 인간과 세상, 자연과 관계를 형성하고 소통하는 방법을 배울 수 있다. 대하소설을 읽으면서 기존 세대가 가리고 싶었던 역사의 진실을 마주하게 될 수도 있다. 그 영향으로 세상을 바꾸고자 하는 동기가 충전되어 개혁을 위한 결단을 내리기도 한다. 자연 다큐멘터리를 통해 강한 자와 환경에 적응하는 종만 살아남는 냉혹한 적자생존의 원리를 깨우치기도 한다.

책을 읽고 영화, 드라마, 다큐멘터리 등을 본다는 것은 다양한 사람들과 그들의 인생사에 대한 관심과 (어린 아이와 같은) 호기심이 아직 남아 있다는 것이다. 호기심이 충만하다는 것은 인생의 의미와 바람직한 삶의 방향에 대해 몰입하고 있다는 증거이기도 하다. 그 몰입의 순간에 일상의 깨달음이 주어지기 때문이다.

삶에 의미를 찾고 부여하기 위한 깨달음을 얻기 위해서는 근원적이고 철학적인 질문을 던지는 것도 한 가지 방법이다. 동일한 질문을 여러 차례 자신에게 던지고 인생의 솔루션을 찾아가면 된다. '어떻게 살아야 가치 있는 삶인가?'라는 질문에 철학자 소크라테스는 '자신이 몸담고 있는 삶에 대한 성찰'이 있어야 한다고 강조했다.

질문을 통한 자기성찰의 현실적인 방법으로, '다니던 직장을 그만두거나 생업을 그만두는 경우에 어떻게 할 것인가?'라고 자문해 보면 된다. 생업에 대한 또 다른 대안을 찾으라는 의도로만 얘기하는 것은 아니다. 생업의 기반이 사라지더라도 자신의 손에 무형의 자산처럼 가치있는 무엇이 남을지 스스로 질문해 보라는 의미다.

직장을 그만두거나 자신이 운영하던 사업장을 접고 나면 자신의 직함이 사라진다. 직책도 사라진다. "내 명함에서 직함과 직책이 사라지고 나면 어떤 상태가 될까?"라는 질문은 사뭇 철학적인 답변을 요구하는 수준으로 의식을 끌어 올린다.

인생의 의미를 추구하는 깨달음을 얻기 위해 성찰한다는 것은 계속해서 질문을 던지고 답하는 일상의 의식(儀式)이다. 나는 누구이며, 왜 이 일을 하는지, 남은 인생의 시간들을 어떻게 채우며 보람 있게 살아가야 되는지 자문자답하는 지속적인 과정이다. 그 질문에 대한 해답을 찾으면서 인생의 방향을 올바로 재조정한 후에 다시 삶의 속도를 높여서 후회 없는 인생길을 갈 수 있다.

깊이 있는 질문의 결과로 깨달음을 얻은 사람은 자신이 추구하는 소중한 가치를 위해 일을 하고 돈을 번다. 역으로 소중한 가치를 지키기 위해 인생 여로에서 잠시 발걸음을 멈추거나 목매던 일을 잠시 내려놓고 돈을 멀리할 줄도 안다.

글로벌 구호 전문가 한비야도 국내에서 평범하고 안정된 삶의 방식을 내려놓고 '지도 밖으로 행군'하여 후진국가나 난민들을 위한 가치 있는 헌신의 삶을 선택했다. 대한민국의 평범한 소시민에서 글로벌 구호 전문가와 봉사자로 거듭 날 수 있었던 이유는 가치있는 삶에 대한 진지한 질문이 있었기 때문이다. 그렇다고 다니던 직장을 그만두고 새로운 진로를 개척하라는 의도는 아니다. 오해가 없기를 바란다.

유대인들이 후세들을 교육할 때도 공을 들이는 부분은 해답이 아니라 질문이다. 경전의 내용을 암기하는 것보다 그것을 읽을 때 마음속에서 떠오르는 질문을 만드는 일에 집중한다. 그 질문을 염두에 두고 일상 속에서 질문에 대한 해답을 다양한 경로로 찾아보면서 생활에 적용하는 실행력 수준으로 끌어 올린다.

질문을 통해 스스로 깨닫게 된 인생의 핵심 가치가 인생을 끌고가는 동력이 된다. 아리스토텔레스는 "인생 전반에 걸쳐 추구하는 가치에 행복이 있다"고 강조했다. 가치있는 일에 몰입하면 일하는 그 시간들도 즐겁고 그 열매로 성과를 거두었을 때도 행복하기 때문이다. 현재 몸담고 있는 직장에서 본인이 하고 있는 일이 자신의 추구하는 가치와 일치하는지 점검해 볼 필요가 있다.

매슬로가 주창한 욕구 5단계설의 정점에 있는 자아실현 욕구

의 충족이나 실현까지는 아니더라도, 지금 하고 있는 일에 보람
을 느끼고 있는가? 아직 일의 보람을 느낄 상황이나 직급이 아니
라면 적어도 어제 보다 오늘 자신이 조금씩 성장하고 있다고 느
껴지는가?

"나무처럼 자기 결대로 사는 자존의 삶이 나와 우리 모두를 위한
지혜로운 삶이다"

강판권,《나무에게서 배우는 자존감의 지혜》.

사장보다 장인을 목표를 삼아라

학벌 프리미엄이 여전히 작용하는 대한민국 직장에서 공업 고등학교 졸업 학력으로 국내 유수 대기업 부회장까지 승진한 CEO가 있다. LG전자 조성진 부회장이다. 오너 가를 제외한 직장인이 오를 수 있는 최고 직급에 오른 것은 두말할 것도 없다. 거기에 글로벌 가전제품 시장을 선도하는 LG전자 부회장이어서 대표적인 샐러리맨 성공 신화로 손꼽힌다. 다른 직장인 성공 신화들과 차별화되는 점은 그를 따라다니는 한 마디 수식어로 요약할 수 있다. 세탁기 분야의 37년 장인!

1976년 신입으로 입사해서 10년 만에 현재 과장 직급인 기정보로 승진했다. 보통 3년차 대리, 7년차 과장 진급의 기준으로 보면 대졸 동기들에 비해 3년이나 뒤진 셈이다. 입사 후 20년 만에 부장으로 승진했는데, 신입에서 부장까지 15년 정도 걸리는 데 비해서 5년이 뒤쳐졌다. 상무도 26년 만에 달아서 대졸로 입사한 동기들보다 6년 정도 늦게 별을 달았다. 먼저 임원이 된 동기들이 실적 부진 등을 이유로 하나 둘씩 옷을 벗고 나갈 때 오히려 그는 승승장구하여 꿈의 직급인 부회장까지 오르는 기염을 토했다.

언론들과의 인터뷰에서 그가 입버릇처럼 강조하는 포인트가 있다. 대졸 학력을 가진 동기들과 비교하지 않고 자신만의 차별화된 실력을 쌓는 데 주력했다는 점이다. 2013년 L전자 가전사업 부장을 맡을 때까지 무려 37년이나 세탁기 한 분야에만 몰입하고 집중했다. 글로벌 대기업에서 37년을 근무하는 것도 힘들지만, 당시 인기 없었던 세탁기라는 가전제품 개발에 한평생을 바쳐 장인의 수준에 올랐다는 점이다.

세탁기 장인 조 부회장은 기반 기술이 없었던 세탁기 개발 초기에 10년이 넘도록 150회 이상 일본에 건너가 기초 기술부터 배우기 시작했다. 회사 연구 공간 한구석에 야전 침대와 취사를 위한 주방까지 설치하고 불철주야 세탁기 국산화에 매달렸다. 집에 가서도 지치지 않는 열정으로 신제품 출시 전에 파일럿 테스트를 위해 세탁기 대여섯 대를 직접 사용해 봄으로써 개선점을 찾아 품질 향상에 만전을 기했다. 그의 취미이자 특기 중 하나는 가전제품을 전부 분해해서 사소한 부품 하나까지 그 기능과 용도를 파악한다는 것이다.

세계적인 발레리나 강수진도 잠을 줄여가면서 날마다 꾸준하게 32년을 발레 연습 벌레로 살아서 국제무대를 주름잡는 발레 장인이 되었다. 장인 정신은 《그릿》에서 강조한 끝까지 해내는 은근과 끈기를 가지고 성실하게 10년 이상 1만 시간의 법칙을 채워가는 성실한 태도이다. 시간만 채우는 소극적인 방식이 아니라 철저하게 사전에 계획된 방식으로 의도적인 실전 연습을 통해서 성과로 연결시킬 수 있어야 한다

장인이라고 해서 반드시 연구 개발이나 예술 분야에만 국한된다는 선입견부터 버려야 한다. 장인은 자신의 일을 사랑하고 일하는 목적을 단순히 생계 수단이나 승진을 위한 사다리로만 여기지 않는다. 상사가 통제하거나 관리를 하기 때문에 마지못해 시간을 때우듯 일하지 않는다. 일하는 것 자체에 의미를 두고 과정을 즐기며 단기적인 성과에 크게 연연하지 않는다.

장인은 자신의 기술이나 실력이 높아짐에 따라 연구 결과나 성과에 따따 승진이 선물로 주어지는 순리에 비중을 두는 사람이다. 운동에 비유하자면 100m 달리기로 초를 다투기보다 마라톤의 기록을 조금씩 꾸준하게 높이면서도 여유 있게 즐기는 부류이다.

독일의 지성 괴테도 "자신이 하고 싶은 것을 위해 연구하고, 일하고, 노력하는 순간이 영원히 아름답다."는 말로 장인의 삶을 대변했다. 한 우물을 10년 이상 묵묵하게 파왔던 장인들의 삶의

패턴을 파악하고 직장 생활에 벤치마킹할 필요가 있다.

장인이라는 말을 듣는 순간 세종대왕 시절 '장영실'이 연상되어 학창 시절 기억을 더듬어야 할 수도 있다. 노비였던 장영실이 세종대왕을 만나 15세기 조선의 과학을 세계 최고 수준으로 발전시킬 수 있었던 요인은 그가 장인의 자세로 천문학을 연구하고 유용한 발명품을 만들었다는 점이다. 장인 정신을 바로 알고 직장 생활에 적용할 수 있다면 개인의 성과는 물론 직장에서도 인정받는 인물이 될 수 있다.

현대적인 관점에서 재조명한 장인은 전통적인 기술과 기능을 무한 반복하는 다소 부정적인 의미를 뛰어 넘는다. 생활의 달인에 소개되는 인물들의 특정 기술과 기능의 숙련도 의미가 있지만, 장인은 그것을 바탕으로 새로운 방향으로 발전시켜 나갈 수 있는 사람이다. 직장에서도 선배들이 이미 만들어 놓은 포맷이나 양식에 맞춰 빠른 시간 내에 보고서를 뚝딱 만들어내는 사람은 직장 생활의 달인이다. 여기서 한 발 더 나아가 선배들의 지난 아웃풋을 참고하되, 자신이 고민한 내용과 참신한 아이디어를 결합하여 신제품 기획안이나 참신한 마케팅 플랜을 제시할 수 있다면 장인의 길로 접어든 사람이다.

대리점 유통 영업을 하더라도 직급이나 직책이 올라감에 따라 높아지는 할인율로 매출 확대를 한다면 일상의 달인이다. 직장 생활의 달인이라기보다 당신의 청춘을 바쳐서 맞바꾼 할인

티켓을 소지한 사람에 가깝다.

여기서 한 발 더 나아가 대리점이 속한 지역의 시장 조사를 통해 경쟁사 대비 강점과 약점을 파악해서 Area Marketing 대책을 수립할 수 있다면 장인으로 가는 길목에 접어든 셈이다. 자신이 맡은 지역 외에도 동료나 후배 사원들에게 코칭을 할 수 있는 수준에 도달해야 한다. 그들이 헤매고 있는 지역의 시장 상황을 파악하고, 판매 활성화 방안을 제시할 수 있다면 장인의 수준에 근접하고 있는 것이다.

장인은 번뜩이는 지혜와 섬광 같은 아이디어로 남들보다 앞서 치고 나가는 타고난 천재성과는 차이가 있다. 장인은 자신에게 맡겨진 일을 하면서 행복을 느끼는 사람이다. 일에 몰입하고 일을 하면서 보람을 느끼는 사람이다. 처음부터 장인 체질은 사람은 없다. 자신에게 주어진 일에 관심과 열정을 쏟아 붓고 일 자체를 즐기는 습관이 쌓이다 보면 장인으로 가는 이 보인다. 때로는 일에 몰입하여 일과 삶의 균형이 깨지는 험난한 과정을 거쳐야 할 수도 있다.

대부분의 화이트칼라 직장인들은 전형적인 지식 근로자들이다. 지식을 다루는 분야에서 일을 하더라도 장인의 수준에 오르기 위해서는 현장 감각을 필수적으로 습득해야 한다. 아이디어를 구상하고, 액션 플랜을 수립하고 실천하는 방식으로 하든지, 경험과 실전 연습을 바탕으로 이론을 접목해도 좋다. 자신의 분야에서 장인의 수준에 오르기 위해서는 이론적 바탕과 실무감각을 겸비해야 한다.

만약 공장 생산팀이나 기술팀에서 근무하던 사람이 해당 분야나 제품의 장인으로 거듭나기 위해서는 본사의 전략 기획이나 (신)상품 기획 업무를 동시에 경험해 봐야 한다. 석사 학위 이상의 이론적인 배경이 있는 상태에서 기획 업무를 시작한 사람이라면 연구소나 생산 현장에서 실무를 거칠 필요가 있다.

장인의 수준에 오르기 위해서는 평소에 작은 업무 목표나 주어진 과업들을 납기 내에 제대로 수행하고 긍정적인 피드백을 받음으로써 성공 체험을 축적해야 한다. 작은 성공 체험들이 쌓이다 보면 일에 대한 자신감과 자신의 능력에 대한 확신으로 자존감이 높아진다. 한편 장인의 특성이 단기적인 성과에 연연하지 않는다고 해서 회사에서 요구하는 객관적인 성과에 미치지 못하면 직무 유기에 해당된다.

오히려 신입 사원 때부터 자신의 전문 분야나 직무를 선택하고 자타 공인 전문가가 되기 위해 장기적인 관점에서 장인 되기 프로젝트 플랜을 수립해서 차근차근 실행에 옮길 필요가 있다. 회사에서 장인의 길을 걷고 있는 롤 모델(role model)을 찾아서 그 선배가 가지고 있는 핵심 역량이 무엇인지 파악해야 한다.

핵심 역량을 크게 업무 수행 능력과 태도의 측면에서 어떤 강점을 가지고 있는지 구체적으로 기술하고 그 간극을 줄일 수 있는 자기계발 계획을 세워야 한다. 세간에 성공학 강사들이 강조하는 그런 자기계발이 아니라 회사에서 업무 수행 역량을 높일 수 있는 직접적인 스킬을 찾아서 연마해야 한다. 만약 홍보팀에 근무한다면 기사 거리가 될 만한 이슈를 발굴하고 현직 기자들 수준으로 핵심 메시지를 추출할 수 있는 안목을 길러야 한다. 기자들만큼 필력을 갖추지는 못하더라도 회사에 유리한 기사가 나갈 수 있도록 스토리의 얼개와 구성을 어떻게 하면 효과적인지 파악하고 있어야 한다.

종국에는 회사에 불리한 사건 사고가 터지더라도 기사화를 최소화하고 기사가 나가더라도 독자들의 오해가 증폭되지 않도록 사실 위주의 단문 기사가 나갈 수 있도록 조율 능력을 갖춰야 한다.

승진보다 성장에 초점을 맞추고 회사에서 자신이 특정 분야에서 눈에 띠는 전문가가 되기 위해서는 현대적 의미의 장인 정신이 무엇인지 알고 차근차근 그 과정을 밟아 나갈 필요가 있다. 10년 이상 꾸준하게 자신에게 주어진 일을 긍정적으로 해석하고 과정을 즐기면서 단기적인 성과에 대한 평가에 하지 않는다면 당신도 조만간 장인의 반열에 오를 수 있다. 지나간 세월을 후회하거나 낙심하지 말고 오늘이 바로 장인의 길로 들어서는 계기가 되기를 기원한다.

회사 업무와 연관된 자기계발을 하라

회사 업무와 연관된 자기계발을 했더라면 성과도 창출하고 인정받아 임원이 되었을지도 모른다. 어림짐작으로 당신이 지금까지 영어를 배우기 위해 쏟아 부은 시간과 비용을 생각해 보라. "헉!" 또는 "헐?" 이 두 가지 중 하나의 반응이 나온다면 대한민국 직장인임에 틀림없다.

뚜렷한 목적이나 목표도 없이 하는 자기계발은 시간, 에너지, 돈을 낭비하는 일이다. 단순히 자기계발에 쏟아 부은 걸로 끝난다고 생각하면 착각이다. 자기계발에 시간, 에너지, 돈을 쏟아 부을 때는 기회 비용을 신중하게 고려해야 한다.

의미없고 성과도 없는 자기계발 대신 가족과 해외여행을 갔더라면 낫지 않았을까? 차라리 그 돈으로 아내의 버킷리스트에 있는 에르메스 핸드백을 사주었더라면 당신의 식탁에 반찬이 풍성해지지 않았을까?

직장을 다니다가 하던 일이 잘 안 풀리거나 진급에서 누락되면 불안감에 잠을 자지 못하고 자괴감에 빠지기도 한다. 진급 누락이 3년 이상 넘어가면 자존감이 뚝뚝 떨어져 멘탈이 거의 붕괴 직전에 이르기도 한다. 그럴 때마다 술과 가무로 스트레스를 풀기도 하고, 헬스 정기권을 충동 구매하여 갑자기 운동을 시작하기도 한다. 또 당장 써 먹지도 않을 영어 학원에 등록하여 영어 공부를 시작한다. 영문학까지 전공한 필자가 왜 매번 각종 영어 학원을 전전하고 다녔는지 알다가도 모를 일이다. 유학 계획이 없음에도 토플 학원에 다녔고, 해외영업을 하지 않았음에도 영어 스피킹 학원에 다녔다.

책을 한꺼번에 많이 읽을 욕심으로 대형 문고에 가서 책을 사재기한다. 충동 구매한 책들이 집안 여기저기 쌓여가는 걸 보면서 자신은 교양 있는 독서가라고 회심의 미소를 지어본다. 그순간 자신의 뒤통수가 간지럽다는 걸 느낄 수 있다면 다행이다. 어머니와 아내의 도끼눈이 당신의 뒤통수에 박히는 순간 그날로 자기계발은 끝이다.

집안에 쌓여가는 책을 빨리 읽을 욕심으로 뇌로 책을 읽게 해준다는 속독법에 팔랑귀가 솔깃해진다. 고가의 속독법 강좌에 등록하여 멀쩡한 뇌를 혹사하기 시작한다. 만약 스트레스 상황

에서 눈이 아니라 뇌로 책을 읽는다면 불난 집에 부채질을 하는
역효과가 있다.

책은 눈으로 읽는 것이다. 눈이 아니라 뇌로 읽는다는 홍보
문구에 혹하지 말라. 눈으로 읽고 뇌로 이해하는 것이다. 어떤 신
경생리학자들은 눈이 돌출되긴 했지만 뇌의 일부라는 주장을 펼
치기도 한다. 그럼에도 책의 텍스트 정보는 시신경을 거쳐 뇌로
입력된다.

어쨌든 갑자기 운동과 독서를 시작하면 대부분 한 달을 넘기
는 경우가 없지만, 그래야 마음이 좀 놓이고 막연한 불안감이 사
라지는 기분을 느낄 수 있다. 나름 뭔가 하고 있다는 느낌적인 느
낌에 자신을 내어 맡기는 일종의 자기 위로 의식이다. 그런 종류
의 자기 위로 리츄얼(ritual)에 중독되면 불안감이 밀려올 때마다
각종 교육기관과 헬스클럽에 소중한 시간과 피 같은 돈을 가져
다 바쳐야 한다.

지금까지 그런 경험이 없었다면 참으로 다행이다. 언제나 시
행착오는 필자의 몫이다. 26년간 각종 시행착오를 거치면서 상
당한 비용과 시간을 투자한 자기계발 노하우를 공유한다. 실제
직장 생활에 도움이 되는 방식을 우선 추천한다.

독서를 하되 가급적 서평을 쓰라. 반드시 서평을 쓰라 하면
어린 시절 숙제로 마지못해 원고지를 채우던 독후감에 대한 아
름다운(?) 추억이 누구나 있기에 거부감이 있을 수 있다. 거창한

서평을 쓸 필요는 없다. 작가의 핵심 메시지나 주장에 동의한다면 그 이유 3가지를 쓰면 된다. 동의하지 않는다면 그 이유 3가지를 쓰면 된다.

노트에 쓰든, 블로그에 쓰든, 페이스북에 쓰든 그것은 당신의 자유다. 그런 후에 그 책을 주변 지인들에게 추천하라. 카카오톡의 단체 톡방, 친목 모임 밴드 등 다양한 채널 중 하나를 선택하여 책을 추천하라. 오프라인에서 정기 모임이 있다면 거기에서도 추천하라.

책을 읽고 간단한 서평을 쓰고, 추천을 하면 3번 정도 그 책에 대한 내용을 반복하는 효과가 생긴다. 3회 이상 반복하면 책의 핵심 내용이 장기 기억에 저장되고 나중에 키워드만 떠올려도 내용을 상기시킬 수 있다. 아무리 많은 책을 읽어도 기억되지 않는 지식과 정보는 무용지물이다. 3회 이상 반복해서 뇌에 저장되었던 지식과 정보들은 나중에 꺼내어 상황에 맞게 글을 쓰거나 보고서를 쓸 때도 참고 자료로 활용할 수 있다.

마지막으로 말도 많고 탈도 많은 영어 학습에 관한 얘기다. 만약 당신이 외국계 회사나 국내 기업에서 해외 영업에 종사하지 않는다면 영어 공부 특히, 회화는 당분간 접어두기 바란다. 우리나라에서는 동남아 여느 나라와는 달리 생활 속에서 영어를 실제 활용할 수 있는 기회가 1도 없다. 하루에 영단어 100개를 외운들 대부분 영어의 도를 이루지 못하고 도로아미타불이다. 영어를 배우기 위한 오프라인 모임에 정기적으로 참가하고 있다면 그나마 다행이다.

스님들이 하루에도 몇 번씩 염불을 하듯이 수십 번, 수백 번 반복해서 당신의 입에 딱 붙을 때까지 할 자신이 없다면 당분간은 그만두기 바란다. 수업 시간에 머리로 영작한 영어 몇 마디 했다고 당신의 스피킹 실력이 향상되었다고 하면 착각이다. 아니면 당신의 스피킹 능력에 대한 자기 평가가 지나치게 관대하다는 사실을 깨우치기 바란다.

새벽마다 졸린 눈을 비비고, 퇴근 후에 반쯤 감긴 눈으로 학원에서 배운 토막 영어를 하루가 지나기 전에 써먹을 기회가 없다면 그 영어는 결국 당신의 것이 될 수 없다. 전화 영어를 하더라도 최소 10분 동안 자기 입으로 주제에 맞게 줄줄 말할 수 있는 수준이 아니라면 별 효과가 없다.

쉽게 말해 해외 출장을 가서 당신의 영어가 통하지 않을 확률이 90%다. 현지 공항에 내리자마자 영어 한 마디를 내뱉기도 전에 원어민의 소리가 반쯤 들려오면 그나마 다행이다. 원어민은 말하는 속도가 빠를 뿐더러 학원에서 배운 정형화된 표현법들은 십중팔구 쓸모가 없는 경우가 허다하다.

그럼에도 영어 회화를 해야 될 상황이라면 영자 신문 주말판을 뒤져서 이태원에 있는 원어민 교회를 찾아가서 그들과 자연스럽게 어울리며 라이브 잉글리시를 습득하기 바란다. 이 방법

대로 필자는 제대 후에 영자 신문에 안내된 외국인 교회에 전화해서 직접 찾아가 1년 정도 배운 영어로 지금까지 잘 버티고 있다. 그 정도면 대한민국 직장인으로서 만수무강에 지장이 없다.

종교적인 관점에서 포교를 목적으로 영어를 가르치는 이단이 있을 수 있으니 그 점은 신중하게 접근이 필요하다. 교회 예배가 아니더라도 정기 모임이 있으니, 그 모임에만 참석해도 라이브 잉글리시를 체화할 수 있다. 가능하다면 영어만 배우겠다는 이기적인 목적으로 접근하지 말고 그들이 한국 생활을 하는 데 도움을 되는 활동들을 지원하면 좋다.

인간적인 유대가 생기면 깊이 있는 대화가 가능하고 영어 실력이 월등하게 향상될 수 있다. 필자는 경제학 박사 학위를 가진 독신 노인분을 만나 여기저기 안내를 해드리고 친해져서 대화 중에 영어 발음도 교정 받았다. 거의 매주 미8군 라운지에도 함께 들어가 다양한 주제로 대화를 나눈 덕분에 스피킹 실력을 단기간에 올릴 수 있었다.

(작가의) 생각 지도를 훔치는
서평 정리 기술(1)

3가지 요소를 활용한 구조적 서평 쓰기

"《혼/창/통》당신은 이 셋을 가졌는가?"

이 책이 베스트셀러가 된 이유가 훌륭한 콘텐츠와 이를 뒷받침하는 풍부한 사례에 있다. 그 이상으로 중요한 이유는 3가지 짧고 강렬한 의미를 담은 단어로 독자들의 마음을 사로잡고 3단어를 뇌에 각인시키는 효과가 있다.

　이 책은 특이하게 제목에 3가지 요소가 담겨 있다. 책의 핵심 콘셉트가 담긴 목차도 혼/창/통 3부로 구성되어 있다. 독자 입장에서 별도의 생각 정리 기술이나 도구가 없더라도 자연스럽게 읽어나가면서 (3의 마법으로) 정리할 수 있는 작품이다.

　저자는 독자들에게 책의 구조를 통해 자신의 생각의 지도를 보여주고 그 생각의 지도를 따라가다 보면 책의 핵심 내용에 다다를 수 있도록 정교하게 설계한 것이다. 독자들은 자신도 모르게 저자가 의도적으로 설계한 생각의 구조와 흐름에 빠져든다.

　한편 매번 저자의 의도에 함몰되어서는 저자의 생각의 범위를 벗어날 수 없다. 과감하게 저자의 생각 지도 밖으로 행군하기 위해 역으로 저자에게 질문을 던지면 된다. (저자가 직접 듣지 못하는 상황이라) 스스로에게 질문하고 답변하면 된다.

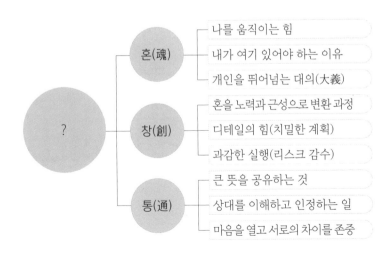

'혼/창/통'을 아우를 수 있는 한 문장은 무엇일까? 필자도 막상 질문을 던져 놓고 당황스럽고 어찌 해답을 제시해야 할지 난감하기는 마찬가지다. 그럼에도 자신만의 생각으로 정리해서 한 마디나 한 문장으로 표현할 수 있다면 당신은 이 책을 제대로 씹어 먹은 것이다. 온전히 자신의 것으로 소화시켜 흡수한 것이다.

혼은 다른 표현으로 바꾸자면 신념이다. 창은 도전의 다른 이름이며, 통은 말 그대로 소통의 줄임말이다. 신념, 도전, 소통의 개념을 아우르고 포섭할 수 있는 한 단어나 문장은 무엇일까?

사람마다 특정 단어에 대한 가치관이나 정의나 다를 수는 있다. 그럼에도 상식적인 관점에서 신념, 도전, 소통은 '꿈을 이루는 3가지 요소'로 집약될 수 있다. 3가지 요소를 묶어서 하나의 메시지로 표현할 수 있는 능력도 중요하다.

책의 뒷면 표지에 보면 '혼/창/통은 삶과 조직의 가장 탁월한 운영 원리'라고 나와 있다. 개인의 입장에서는 '인생 성공의 3대 요소나 자질'이라고 해도 틀린 말은 아니다. 이 세 가지 요소를 자신에게 적용할 수 있는 체크 포인트 질문으로 전환하여 표로 정리하면 한 눈에 자신의 상황을 볼 수 있다.

한 권의 책을 읽고 자신만의 스타일로 정리하면 자신 인생 전반을 수시로 점검할 수 있다. 이것이 바로 독서 효과를 배가시키는 생각 정리의 또 다른 힘이다. 적합한 제목을 붙여주면 더 바랄 것이 없다. 화룡점정(畵龍點睛)!

제5장 자기계발, 이웃으로 중심으로 전환하라

구분	체크 포인트	자기 점검
혼(신념)	나를 움직이는 힘은?	
	내가 여기 있어야 하는 이유?	
	개인을 뛰어넘는 대의(大義)는?	
창(도전)	혼을 노력과 근성으로 변환 중?	
	디테일의 힘(치밀한 계획)은?	
	과감한 실행(리스크 감수)중?	
통(소통)	큰 뜻을 공유하는 것이란?	
	상대를 이해하고 인정하는 일은?	
	마음을 열고 서로의 차이를 존중?	

다음으로 텍스트(글)가 아닌 도해(圖解)를 통해 책의 핵심 내용을 정리하는 방법도 있다. 도해(圖解)란 자신의 생각을 그림으로 그려 전달하는 방식이다. 파워포인트를 활용하여 제안을 하거나 보고를 할 때 주로 쓰이는 방식이다. 핵심을 한 눈에 보여 줄 수 있는 장점이 있다.

글로벌 컨설팅 업체들, 특히 맥킨지 컨설팅에서 직원들에게 도해(圖解)를 활용한 논리적인 보고서 작성법을 집중적으로 훈련

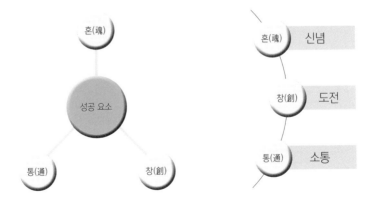

시킨다. 자신들이 컨설팅하는 회사의 경영진이나 실무자들과 짧은 시간에 이슈와 해결 방안을 제시하기 위해 핵심 위주로 전달이 가능한 도해(圖解) 방식을 선호한다.

　3가지 요소를 강조하는 방식과 내용의 흐름을 강조하는 방식이 대표적이다. 먼저 성공의 3가지 요소로 혼/창/통을 제시하는 방식이다. 다음으로 내용의 흐름에 맞게 창(創)이 혼을 노력과 근성으로 변환하는 과정이므로 순차적으로 표현하는 방식이 있다. 도해(圖解)라는 도구를 가지고 독서 후에 자신의 생각을 정리할 수 있다.

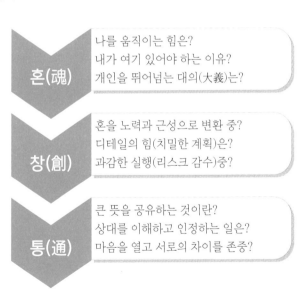

(작가의) 생각 지도를 훔치는
서평 정리 기술(2)

한 가지 주제로 두 권의 책을 비교하여 정리하기

성공하기 위한 방법론에 대한 책들이 넘쳐난다. 성공의 요소로 혼/창/통이라는 3가지를 제시하는 방법도 있다. 이외에 상상력의 힘이 성공의 원천이라고 주장하는 책도 있다. 전 세계적으로 선풍을 일으킨 론다 번의 《시크릿》이다. 다른 관점에서 개인 자신의 능력 외에도 주변에서 주어지는 기회가 중요하다고 주장하는 책도 있다. 말콤 글래드 웰의 《아웃라이어》다.

　　성공이라는 동일한 주제처럼

서로 다른 관점의 두 가지 종류의 책으로 자신의 생각을 정리하는 습관을 들이면 유익하다. 특정 주제에 대해서 생각이 치우치지 않고 균형 잡힌 시각을 갖는 데 도움이 된다. 주제를 풀어가는 서로 다른 방식의 비교를 통해 작가들이 자신이 생각을 어떻게 책이라는 그릇에 담아내는지 알 수 있다.

　작가의 생각이 반영된 목차를 중심으로 핵심 키워드를 뽑아내고 비교 항목으로 전환하면 두 권의 책을 전보다 깊게 이해할 수 있다. 나중에 본인의 특정 주제의 글을 쓰거나 책을 쓰고자 할 때 자신의 생각을 정리할 수 있는 글의 차례나 (책의 설계도인) 목차를 잡을 수 있는 능력이 생긴다.

　1단계는 두 책의 큰 틀에서 생각 정리 구조를 비슷하게 맞추는 작업이 필요하다. 작가의 생각의 구조가 반영된 것이 목차이기 때문에 목차의 큰 틀을 맞추면 된다.

　먼저 《시크릿》은 10개의 소제목들로 이루어져 있다. 이에 비해 《아웃라이어》는 1부 기회와 2부 유산으로 만들어져 있다. 그래서 《시크릿》의 목차를 2개의 큰 흐름으로 정리할 필요가 있다. 즉 '비밀의 실체와 도구 배우기' – '비밀의 원리 적용하기'로 크게 나누어 볼 수 있다. 2개의 큰 줄기에 따라 작은 줄기들을 내용의 흐름에 따라 자연스럽게 배치하면 된다. 《시크릿》의 10개의 소제 목들과 연계시켜 정리하면 다음과 같다(독자들은 책에 있는 목차에 연필로 1부와 2부 제목을 간단하게 메모하면 된다).

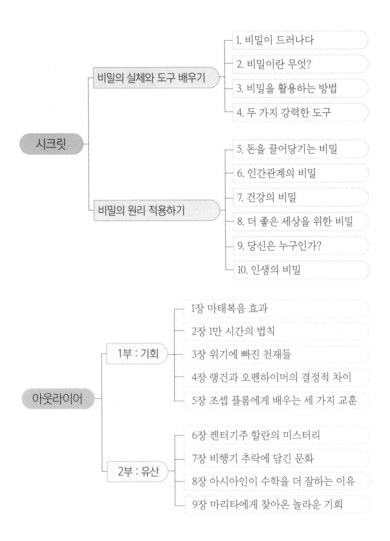

2단계는 두 책의 큰 틀에서 비교해야 할 주제를 설정하는 일이다. 책의 부 제목을 참고하면 힌트를 얻을 수 있다. 《아웃라이어》의 부제목은 '성공의 기회를 발견한 사람들'이다. 《시크릿》은 '수 세기 동안 단 1%만이 알았던 부와 성공의 비밀'이다. 비교 주제는 성공의 기회와 비밀로 집약할 수 있다. 성공할 수 있는 요인이나 방법론을 어떻게 서로 다른 관점에서 접근하고 있는지 살펴보면 된다.

3단계는 비교 주제로 선정한 '성공의 기회와 비밀'을 질문 형태로 전환하여 진행하면 된다. 먼저 "성공의 가장 중요한 요인은 무엇일까?"라는 질문으로 시작하면 된다. 《아웃라이어》 1부 2장에서 '1만 시간의 법칙'을 소제목으로 삼아 강조하고 있다. 《시크릿》에도 이에 비교할 만한 법칙이 있는지 살펴보면 된다. 《시크릿》은 성공의 비밀로 '끌어당김의 법칙'을 제시하고 있다.

항목	시크릿	아웃라이어
부 제	1%만이 알았던 부와 성공의 비밀	성공의 기회를 발견한 사람들
법 칙	끌어당김의 법칙	1만 시간의 법칙
요 인	긍정적인 생각의 힘	기회의 힘(주변 환경의 영향)
방 법	좋은 감정 유지와 감사하기의 힘	자신의 노력 + 주변의 문화적 유산의 힘
관 점	인생을 바라보는 철학적(?) 시선	성공을 바라보는 실용적 시선

　　'끌어당김의 법칙'과 '1만 시간의 법칙'의 대결이라고 해도 과언이 아니다. 두 가지 법칙을 비교표로 만들어 서술해 나가다 보면 두 가지 법칙의 특징과 보완점이 자연스럽게 드러나게 된다. (독자 입장에서는) 두 책의 장점을 정리해서 자신의 삶에 적용하면 독서의 효과가 배가 된다. 여기에서 끌어당김의 법칙과 1만 시간의 법칙을 본격적으로 비교해 보면 의외의 통찰력을 얻을 수도 있다.

책 내용을 파워포인트 1장으로
정리하기

    책 읽은 후에 진한 감동을 주거나 사고의 변화를 가져다 준 책들은 그냥 책꽂이에 다시 꽂기에는 아쉬움이 남는다. 울림을 주는 부분에 밑줄을 긋고 메모하는 걸로도 성이 차지 않을 때가 있다. 특히 눈에 잘 보이는 곳에 걸어두거나 붙여 놓고 날마다 삶에 적용하고 싶은 그런 책이라면 나만의 방법으로 정리하고 싶어진다.

    평소에 주로 사용하는 정리 도구는 주로 워드로 표현할 수 있는 글(텍스트) 형태였다. 워드는 파워포인트처럼 일정한 틀이나 구조를 맞추어야 하는 제약이 따로 없기 때문에 책 내용 중 울림을 준 부분을 그냥 옮겨 적을 수 있는 장점이 있다. 그럼에도 옮

겨 쓰다 보면 내용이 길어지고 한 눈에 전체 구조를 파악할 수
없는 단점이 있다. 이 부분을 커버하기 위해 책의 핵심을 몇 줄로
적어두기도 하고 요약문 형태로 적어 두기도 한다.

옮겨 적고 요약한 내용을 종합적으로 정리하기 위해서는 전
체 틀을 다시 잡은 후에 다시 정리해야 하는 번거로움이 여전히

백만불짜리 습관

I . 자기 변화를 위한 Secrets

변화의 중심은 나 자신
바람직한 변화 모델
변화에 필요한 마인드
좋은 습관 만들기 프로젝트

II . 변화를 주도할 마인드 Secrets

1. 진정한 경쟁으로 승화시키는 사고
2. 도전적인 사고
3. 긍정적인 사고
4. 목표(꿈) 설정

III. 좋은 습관을 위한 Secrets

1. 3년 이론
2. 좋은 습관 만들기 프로젝트
   (1) 계획적인 생활 습관 만들기
   (2) 새벽형 인간 만들기
   (3) 백만 불 짜리 웃음 만들기
   (4) 글쓰기 프로젝트
   (5) 연간 독서 100권 실천하기
   (6) 몸짱 만들기
   (7) 성공 일기 쓰기
   (8) 인맥 관리
   (9) 좋은 아침 만들기
   (10) 딱 세 가지만 절제하기

IV. 성공한 사람들의 Secrets

자신의 무한한 가능성을 믿는다
열정이 있다.
최고가 되겠다는 도전 의식이 있다
끊임없이 학습한다
시간을 지배한다
삶의 균형을 유지한다

백만불짜리 성공습관

① 변화에 필요한 4 Mind

■ 웨스트민스터 지하 대성당 묘비에 새겨진 묘비문

나 자신 변화 ➡ 가족 변화 ➡ 세상 변화

■ 변화에 필요한 4 Mind

진정한 경쟁적 Mind
□ 세팔게임의 초현재로선 게임은 피해야 한다
 - 늑대사냥의 호기 : 가을 → WHY? 동물들 풍족한 먹이 먹고, 살이 쩌 안주
□ 아인슈타인 : 수학과 물리에 장점 → 장점에 Focus
☞ 진정한 경쟁 : 자기 자신과의 경쟁, 자신의 단점보다 장점에 집중

□ 생각 ↑, 행동 X 사람   □ 자신감 부여 방법
  세상 ⎡ 생각 ↓, 행동 ○ 사람   - 성공한 미래의 자화상 그려보라
       └ 도전정신(자신감)   - 자신감 붙어넣어 주는 사람을 만나라(책, 강연 등)
                             - 실패를 두려워 마라

도전적 Mind
□ Channel을 바꾸듯이 부정적 사고를 긍정적 사고로...
□ 부정적 생각을 메모하여 불태워라(이소룡)
□ 역경 너머의 빛을 봐라 → 희망

긍정적 Mind
□ 인생의 목표를 구체적으로 세워라
□ 성공과 사람과 실패한 사람의 차이는 목표 설정임
□ 큰 목표 - 큰 에너지 생김
  작은 목표 - 작은 에너지 생김
□ 목표는 한 문장/한 장의 그림으로 표현 가능하게 명확화·시각화하라
  ex) Tigerwood : 최고의 차 타는 사진

**목표 설정 Mind
(이정표, Map)**

변화와 구조혁명 30년사 보드맵
**백만불짜리
성공습관**
Million Dollar Habits

1등이 생각하다
13개의 실천이 성공을 결정한다

백만불짜리 성공습관

② 좋은 습관/성공한 사람들의 비결

좋은 습관을 위한 비결

변화를 통해 성공하려면 → 좋은 습관이 선행

3년
이론

3년만 제대로 하면 원하는 것 달성
[기간 설정
목표달성을 위해 혼신의 노력(시간,노력,돈 투자)

좋은 생활습관 만들기

① 계획적인 생활습관 만들기
- 가능자 역할; 1% 투자해 실행의 99% 성취

② 아침형 인간 : 0시 1hr → 저녁 3hr

③ 백만불짜리 웃음 만들기(좋은 웃음)
- 긍정적 마음, 인사할 때의 마음가짐, 감사하는 마음가짐, 칭찬하는 마음가짐

④ 연간 도서 100권 읽기 실천

⑤ 성공한 사람인 것처럼 행동하라 : 성공일기 (성공요인)

⑥ 인맥관리

⑦ 좋은 아침 만들기(는 뜨자마자 긍정적 말, Image)

⑧ 절제하기 : 담배, 술, 커피

성공한 사람들의 비결

① 열정을 가져라 (에디슨 : 전구 4,000번 이상 테스트)

□ 진정한 Pro가 갖추어야 할 결정체

성공에 대한 확신
[자신의 적성에 맞는 일, 좋아하는 일에 몰입
한계점을 뛰어넘는 능력 배양
미래의 Vision이 있어야 현실을 비관하지 않음

② 꾸임없이 학습하라 (→인주)

□ 실력 → 더 높은 목표에 도전 (ex. 독서)

③ 시간을 지배하라

□ 시간 관리의 문제

	솔음수 영역	효과성 영역	도피 영역	필수 영역
중요	X	○	X	○
긴급	○	X	X	○
		미래영역, 시간관리의 Key		

남는다.

글로벌 컨설팅 업체나 대기업 경영 혁신 부서에서 신입 사원들이 입사하면 경제·경영 필독서를 주고 파워포인트로 요약시키는 트레이닝을 시킨다. 파워포인트가 논리적인 흐름에 따라 체계적으로 생각하고 정리할 수 있는 도구이기 때문이다. 급박하게 움직이는 (비즈니스) 환경에서는 논리적인 흐름으로 핵심을 요약하고 정리하는 도구로서 파워포인트가 유용하다.

파워포인트로 정리를 하기 위해서는 전체 내용을 어떻게 구성할지 먼저 상상으로 밑그림을 그려야 한다. 동시에 전체적인 책 내용의 흐름도 꿰고 있어야 한다. 이를 위해서 책의 핵심 내용이 두뇌 속에 어느 정도 요약되어 남아 있어야 한다.

책을 읽고 난 후 파워포인트 10장으로 요약하라. 처음에는 10장, 그 다음은 5장, 3장 마지막 1장으로 요약하는 과정을 거치면 된다.

막상 해 보면 1장으로 요약하는 것이 가장 힘들다는 것을 알게 될 것이다. 1장이라고 해서 책의 내용 일부만 발췌해서 요약하라는 의미가 아니다. 최근 회사마다 1page 기획서나 보고서를 점점 선호하는 추세다. 실용서 기준 250페이지를 한 장에 핵심을 요약하는 과정을 지속적으로 연습하다 보면 기획서나 보고서를 엑기스 위주로 폼 나게 쓸 수 있다.

자신이 중요하다고 생각하는 부분을 최대한 압축하여 작성

경영·경제·인생 강좌 45편

기업은 창조성과 생산성 두 축으로 게임을 해야 하며, 고객에게 주는 제품의 Value가 Price 보다 커야 시장에서 잘 팔릴 수 있음.

책 줄거리

□ **제로섬 게임은 피해야 한다**
- Zero Sum : 한정된 시장점유율 싸움, 노사분규 등 한정된 자원 배분 싸움

□ **지속가능성의 추구**
- 나쁘고 나쁘고 모형 : 가장 이상적인 생존 양식

□ **창조경영만이 생존의 길**
- 지금은 Cost 시대를 지나가고, 창조경영 대두
- 바로셀로나 올림픽 시 불황의 점화 → 세계인 감동

□ **새로운 문제 정의가 중요함**
문제정의가 잘되면 반은 해결된 것이다

□ **창조성과 생산성**
- 일본) '01년 욱면제 수박 개발→비싼가격($82/개)으로 시장됨
- 기업의 생존 부등식 : V>P>C
- 기업의 길은 단원형과 같음 : 창조성과 생산성을 축으로 드는 형태

□ **기본에 충실할 때 성과 창출이 가능함**
- 2002년 월드컴 시 히딩크의 체력 훈련

□ **속도의 철학**
- 빠르고 민첩한 놈이 먹이사슬의 정상에 위치하나, 모든 속도는 부작용과 저항을 수반함.
  임금인상 속도 > 생산성 향상 속도 > 기업의 경쟁력 ↓

시사점

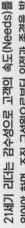

기업=타원형
창조성 / 생산성

● **프론티어 전략 추구**
- 남들이 하지 않은 사업, 전략 적용하여 차별화 추구

● 기업은 시장에서 잘 팔릴 수 있는, 고객이 느끼는 가치가 큰 제품을 개발/제공해야 함(V>P)

● 무한경쟁 시대에 기본에 충실한 조직, 기본에 충실한 사람만이 살아남는다.
- 제품 QCD가 기본에 충실+개인 기본 역량

● 적정한 속도의 조정과 선택으로 기업의 경쟁력을 높여야 함.

21세기 리더는 감수성으로 고객의 속도(Needs)를 읽어야 하며, 조직 구성원으로부터 인정과 존경을 받을 때 진정한 리더가 될 수 있음.

하면 된다. 중요하다고 생각하는 부분이 무엇인지 너무 어렵게
접근 할 필요가 없다. 책을 읽다가 자신도 모르게 밑줄을 치게
되는 부분이 자신에게 중요한 부분이다. 울림을 주는 문장이라
고 해야 마음이 놓인다면, 자신의 가슴에 와 닿는 문장이 중요
한 문장이다. 책에서 발췌하고 요약한 핵심 내용을 중심으로
자신의 삶이나 회사 업무에 적용 가능한 부분을 살리는 방향으
로 자신의 생각을 정리해서 활
용하면 된다.

윤석철 교수의《경영 · 경
제 · 인생 강좌 45편》이라는 책
한 권을 한 장으로 요약한 사례
를 첨부하니 한 페이지를 구성하
는 항목과 요소들을 살펴보고 독
자의 상황에 맞게 응용해서 활용
하기 바란다

강의 준비를 위한 생각 정리 기술
(마인드맵 도구 사용)

어떤 모임이나 온라인 동호회, 학교, 직장 등에서 주제 발표를 하거나 강의를 해야 할 경우가 있다. 대부분 발표나 강의는 시각화를 강조한 파워포인트로 자료를 만들어서 활용하는 경우가 많다. 주제를 염두에 두고 파워포인트로 자료를 만들다 보면 처음에 몇 장 정도는 잘 만들다가 중간에 막히는 경우가 있다.

몇 가지 이유가 있겠지만 전체 구성의 스토리와 이야기 구조를 만들지 않고 바로 파워포인트로 만들다 보니 삼천포로 빠지는 경우다. 강의 자료를 만드는 중에 오히려 이런 저런 생각이 많이 떠올라서 정리가 안 된 상태에서 여러 페이지를 만들었다가 우선 순위에 밀려서 버리는 경우다. 이때는 마인드맵으

로 우선 강의 자료의 핵심 키워드와 논리적인 흐름을 잡은 후
에 파워포인트로 작성하면 효과적이다.

    실제 강의한 자료 사례를 제시한다.

<마인드맵 작성 사례>

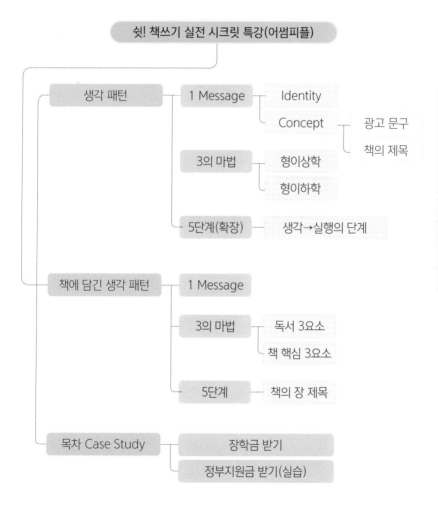

강의 준비를 위한 생각 정리 기술(마인드맵 도구 영)

<파워포인트 작성 사례>

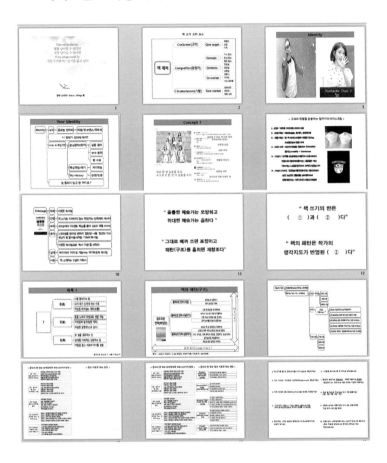

침묵은 금이 아니고 금지 덕목

　왕이나 대통령이 되기 위한 조건 중 중요한 자질은 무엇일까? 한 나라의 최고 지도자라는 상징적인 위치에 걸맞게 국민들을 향한 담화를 발표하고, 현안에 대한 기조 연설을 할 기회가 많다. 청산유수까지는 아니더라도 매끄러운 스피치로 상황에 맞는 메시지를 국민들에게 전달할 수 있는 능력을 갖춰야 한다. 특히 전시 상황에서 국민을 안심시키고 참전 군인들에 용기와 희망을 북돋아줄 감동적인 연설은 오롯이 국가 지도자의 몫이다.

　영화 《킹스 스피치》는 2차 세계대전 당시 연설로 전 세계를 감동시킨 말더듬이 영국 왕의 스피치 콤플렉스 극복기를 다루고 있다. 그는 당시 최고의 지위·부와 명예를 가졌음에도 말을 더듬어 국민들에게 당당히 나설 수 없었다. 왕비의 소개로 괴짜 언어

콜린 퍼스 주연의 영화《킹스 스피치》중에서

치료사를 만나 기상천외한 치료법으로 말더듬 증세를 극복하고 감동적인 연설을 하게 된다는 내용이다.

영국 국왕은 독특한 언어 치료법을 가진 치료사를 만나 스피치 콤플렉스를 극복했지만 그렇지 못한 경우도 있다. 안타깝고 부끄러운 사례가 우리나라 전직 대통령 중에 있다. 한 문장 내에 문장의 주요 성분인 주어, 동사, 목적어를 여러 개 섞어서 구사하는 사람이다. 수첩에 메모나 자막에 연설 내용이 흘러가는 프롬프터가 없으면 말을 하지 않으려 했던 일화로 유명하다. 불미스러운 일로 재판정에 한사코 서지 않으려 했던 이유도 예상을 벗어난 질문에 답변할 자신이 없어서 그랬다는 설이 유력하다.

회사에서 말을 잘하기 위한 비법 서적들이 많이 있지만 먼저 기본으로 돌아가는 것이 중요하다. 어려서부터 배운 육하원칙에 따라 말을 하면 된다. 누가 언제(까지) 어디서 무엇을 어떻게 했나 혹은 할 것인가로 정리해서 말을 하면 크게 실수할 일이 없어진 다. 적어도 주어, 동사, 목적어를 섞어 사용해서 상대를 혼란시킬 일은 사라진다. 회사어로 말을 잘하기 위해서는 3의 법칙을 의식 적으로 연습하고 체화하면 된다.

회사에서 여러 명을 상대로 발표를 할 때는 사전에 리허설을 통해 보고서 내용을 보지 않고 발표할 수 있는 습관을 들여야 한 다. 발표보다 중요한 것은 발표 중간이나 마친 후에 상사나 청중 들의 질문에 답변하는 일이다. 아무리 발표를 잘 했어도 후속 질 문에 깔끔하게 답변하지 못하면 보고서와 프레젠테이션은 준비 가 미흡한 것으로 평가를 받게 된다.

직장에서 상대방 특히 상사의 눈높이에서 관심 있는 이슈에 대한 예상 질문 리스트를 작성해서 미리 글로 작성해 보는 과정 이 중요하다. 보고서 작성과 발표 연습에 치중하느라 놓치기 쉬 운 부분이니 유의하면 도움이 된다.

국가 지도자나 정치인들이 연설과 말을 잘해야 하는 이유가 무엇일까? 정치가 유권자나 국민들을 상대로 설득을 주로 하는 직업이기 때문이다. 마찬가지로 직장인들도 상사나 고객, 주변 동 료들을 상대로 실득을 주로 하는 직업이다. 보고서로 설득을 하 기도 하지만 보고서도 결국 말로 전달해야 하기 때문에 언변의 힘으로 상대방을 설득해야 한다. 직급이 올라갈수록 말로 상대방을 논리적으로 이해시키고 핵심 메시지를 말로 전해야 한다.

소위 말빨만 좋다고 해서 직장 생활을 잘할 수 있는 것은 아니다. 중요한 포인트는 청산유수 같은 화려한 언변이 아니다. 문재인 대통령이 변호사 출신이긴 하지만 화려한 언변가가 아니다. 그가 지지를 받을 수 있었던 이유는 국민이 듣고 싶어 하는 내용을 맞춤형으로 조목조목 부드러운 어투로 전했기 때문이다.

회사어로 상대방을 설득하기 위해서는 자신의 언변 속에 상대방이 궁금해 하는 핵심 메시지와 상황에 맞는 콘텐츠를 담아내야 한다. 상대방의 의도나 의중에 지나치게 편승하라는 말은 아니지만, 상대방 특히 상사가 궁금해 하고 가장 먼저 듣고 싶어 하는 말을 해야 한다. 우선 결론 중심의 핵심 메시지를 전달하고 상대방이 질문하기 전에 3가지 근거를 말하는 습관을 체화하기 바란다.

제6장
대인관계로 성장의 발판을 마련하라

출중한 독고다이보다는 원만한 협력자

2018 평창 동계올림픽 스피드스케이팅 여자 팀 추월 8강전에서 탈락한 김보름, 박지우 선수의 국가대표 자격을 취소해 달라는 청와대 국민 청원 게시판 참여자가 20만 명을 넘어섰다. 이 이슈는 평소에 팀 단위로 일을 하거나 한시적인 TFT(task force team) 활동을 하는 직장인들에게도 시사하는 바가 크다.

'팀 추월' 경기는 세 명 중 한 명이라도 경기력이 뒤떨어지면 그 선수를 도와주고 밀어주는 성격의 종목이다. 단결력과 협동심이 어우러져야 좋은 결과를 낼 수 있기에 많은 사람들이 아름다운 종목으로 칭찬하며 경기에 대한 선호도가 높다. 한편 국민들이 청와대 게시판에 국민 청원까지 하면서 분노를 표출하는 이유는 크게 두 가지다. 팀플레이의 본질을 망각한 몰지각한 경기 운

영과 8강 탈락 후 팀 멤버인 노선영 선수에게 책임을 전가하는 듯
한 인터뷰를 했기 때문이다(*인터뷰 논란의 중심에 선 김보름 국가 대표 선수에게*
스포츠웨어 전문회사 '네파 CF 모델'로서 일체의 지원을 중단하기로 결정했다).

청원을 올린 A씨는 "오늘 여자 단체전 팀 추월에서 김보름, 박
지우 선수는 팀 전인데도 불구하고 개인의 영달에 눈이 멀어 같
은 동료인 노선영 선수를 버리고 본인들만 앞서 나갔다. 인터뷰
는 더 가관이었다. 이렇게 인성이 결여된 자들이 한 국가의 올림
픽 대표 선수라는 것은 명백한 국가 망신이다. 오늘 사건을 계기
로 김보름과 박지우의 국대 자격 박탈 그리고 올림픽 등 국제대
회 출전 정지를 청원 한다."고 게시판에 글을 올렸다.

개인별로 잘 달려서 개인 기록을 갱신하는 것도 중요하지만,
팀 전체 선수 중 마지막 주자의 기록이 결정적인 점수로 판가름
난다. 노선영 선수가 뒤처지자 김보름과 박지우 선수가 페이스
유지를 포기하고 노선영 선수를 한 바퀴 반이나 앞서 결승선을
통과했다. 팀 추월 경기에서 선두를 달린 두 사람의 멋진(?) 결승
선 통과는 의미가 없다. 뒤늦게 도착한 노선영 선수의 기록이 결
정타가 되어 최종 7위로 결국 준결승에 오르지 못했다.

팀 단위로 업무를 수행하는 사원들은 팀워크를 바탕으로 업
무 역량을 발휘해야 개별적으로도 좋은 평가를 받을 수 있다. 팀
장을 중심으로 모든 구성원이 합심하여 대외적으로 인정받을 수
있는 성과를 창출하기 위해 단결력을 발휘해야 한다. 개인별 평

가에서 S, A급 비중을 높이고 C급 비중을 줄이거나 없애기 위해서는 먼저 팀 단위 상대 평가를 잘 받아야 하기 때문이다.

팀 단위 상대 평가를 기준으로 공정한 방식에 의한 상대화 평가를 통해 S, A, B, C등급이 나누어진다. 팀원 중에서 평균 그룹에 속하는 60~70 퍼센트 인원들이 개인 평가 성적 B를 받게 된다. 팀 단위 상대 평가에서 A를 받으면 팀 내에서 멤버들 간에 상대화 평가에서 C급 평가를 받는 팀원이 거의 없다. 만약 팀 단위 상대 평가에서 C를 받으면 팀장 자신의 평가도 C이고 팀원 중에서 적어도 한 명이나 두 명은 C를 받아야 한다. 팀의 리더로서 팀장이 가장 힘들고 두고두고 서로간에 상처와 흔적이 남는 것이 C급 평가를 누군가에게 주는 일이다. 2년 연속 평가 C를 받으면 당사자는 인사상의 불이익을 감수해야 한다. 진급에서 누락되거나 명예퇴직 대상자 리스트에 실릴 가능성이 높아진다. 시니어 직급이라면 자신의 의지와 관계없이 바로 퇴출 될 수도 있다.

연말 성과급 지급 시즌에도 만약 100% 보너스가 지급된다면 C를 받은 사원들은 60% 미만의 성과급을 지급 받게 된다. 평균 B급의 대부분 직원들이 300만 원 정도의 보너스를 받아갈 때 C급 평가자들은 180만 원 미만의 성과급을 겨우 받을 수 있다. 회사가 이윤을 추구하는 조직이라서 불가피한 일이긴 하지만, 당사자에게 평가 C는 치명적이다.

팀 추월 경기에서 뒤쳐져 마지막 주자로 눈물을 쏟은 노선영 선수의 모습이 떠오르는 것은 나쁜일까? 팀 추월 경기는 팀을 구성하는 3명의 선수가 함께 달리고 가장 마지막에 들어온 선수의 기록으로 순위가 정해진다. 개별적으로 잘 달리면서도 3명의 선수가 호흡을 맞춰 함께 기록을 끌어올리는 것이 중요하다.

마찬가지로 직장에서도 각자 주어진 직책과 직급에 맞게 회사에서 요구하는 기대 역량을 발휘하여 목표 합의한 성과를 달성해야 한다. 팀의 리더인 팀장은 개인의 특기와 강점에 맞는 업무를 배분하여 팀원들이 각자 결과물을 낼 수 있도록 조율해야 한다. 동시에 팀원들의 성과가 팀 전체의 성과로 연결될 수 있도록 업무의 진척도와 결과물을 수시로 점검해야 한다.

기업의 성과 관리 전문가인 류량도 교수는 《일을 했으면 성과를 내라》서 '캐스케이딩(cascading)'이라는 개념을 제시한다. 팀 단위 이상 '최종 성과 목표를 달성하기 위해 달성해야 할 중간 목표를 재설정'하라고 조언한다. 세부 목표들을 3단계, 4단계, 5단계로 잘게 나누어 목표 달성을 점검할 수 있는 정량적인 수치로 변환하여 관리하면 된다. 각 단계별로 연관된 과제 리스트 중에서 팀원들의 직급과 업무 수행 역량에 맞게 업무를 배분해서 팀원들이 팀 전체의 성과에 기여하는 바를 체크할 수 있다. 리더인 팀장 자신도 그중 일부 과제를 수행해도 된다. 하지만 팀플레이의 효과를 높이기 위해 팀원 중에서 상대적으로 뒤처지는 멤버의 페이스 메이커(Pacemaker) 역할을 하는 것이 더 바람직하다.

페이스 메이커는 스포츠 경기에서 선수들이 좋은 기록을 낼 수 있도록 일정한 거리까지 함께 달려주는 역할을 한다. 주로 육상 경기에서 초반 스타트를 끊고 같이 질주하다가 선수가 일정 수준 궤도에 오르면 자연스럽게 빠지는 역할을 한다. 여자 마라톤 경기에는 남자 선수가 페이스 메이커로 결승선까지 여자 선수와 동반하며 바람을 막아주는 역할까지 한다.

직장에서도 팀의 리더들이 페이스 메이커 역할을 자처하면 업무 수행 역량이나 성과 창출 능력이 상대적으로 부족한 팀원들을 일정 수준으로 끌어 올릴 수 있다. 팀원 각자가 기본 업무는 수행하는 수준에서 팀 리더가 페이스 메이커 역할을 해야 팀원의 역량 제고가 가능하다. 여자 마라톤의 페이스 메이커처럼 바람막이를 하며 끝까지 팀원들과 동행하는 건 쉽지 않은 일이다. 연간 목표를 쪼개서 단계별로 팀원들이 목표를 달성할 수 있도록 세심한 배려와 관리가 필요하다.

분기별 중간 평가를 통해 팀원들이 부족한 부분을 채워 갈 수 있도록 그간의 경험을 살려 방향성을 제시하는 코치의 역할을 수행하라. 팀의 리더가 제시한 방향 안에서 팀원들이 스스로 문제 해결을 통해 솔루션을 찾을 수 있도록 지도하라. 각자 자신의 목표를 달성하고 부족한 부분을 채워가는 협력을 통해 팀 전체 인원의 동반 성장을 도모하고 전체 목표를 달성할 수 있다.

상사와 싸울수록 연봉은 줄어든다

직장 상사는 당신에게 어떤 존재인가? 가까이 하기에 너무 먼 당신인가? 지워도 지워지지 않는 그런 이름인가? 인정하기 싫겠지만, 그(녀)는 당신이 회사에 머무르는 동안 운명의 키를 쥐고 있는 사람이다. 운명이라는 말이 거창하거나 과장된 표현이라 거부감이 든다면, 당신의 연봉을 쥐고 흔드는 사람이다.

십중팔구 직장인들은 직장 상사에 대해 불만을 가지고 있다. 직장인들의 가장 힘들어 하고 고민하는 항목이 상사와의 관계에서 오는 스트레스이다. 세상에서 만족을 느낄 수 없는 것 중에 배우자 외에 회사의 연봉, 직장 상사라는 웃픈(웃기면서도 슬픈) 이야기가 있을 정도이다. 웃픈 이야기에서 그치지 않고 직장 상사와의 원만한 관계와 당신의 연봉이 강한 상관 관계를 가지고 연동된다는 점이다. 당신의 업무에 대한 평가권을 가진 상사라면 직접적으로 당신의 연봉 수준에 절대적인 영향력을 행사한다.

직장 생활 23년 동안 상사와 몇 차례 갈등을 일으키면서 연봉이 팍팍 깎이는 경험을 했다. 특히 연말 평가를 통해 직장인에게 특별 보너스로 주어지는 달콤한 성과급을 몇 번 놓쳐버린 뼈아픈 경험이 있다. 상사에게 아부는 못할지언정 절대로 상사와 맞서거나 싸우지 마라. 사무실 트인 공간에서 팀원이나 다른 부서 사람들이 지켜보고 있고 당신의 목소리가 들리는 상황에서 상사와 싸우면 그것은 스스로 독배를 마시는 꼴이 된다. 상사는 싸움의 대상이 아니다.

회사의 벽에는 당신의 부정적인 말과 행동을 귀담아 듣고 녹취하는 장치가 숨겨져 있다고 생각하면 된다. 공개 석상에서 상사와 싸우면 (상사와) 관계가 틀어지는 데서 그치지 않고 승진과 연봉을 결정하는 인사 부서 담당자의 귀에까지 그 소문이 들어가게 된다.

본사 (정보)전략 부서에서 근무하던 ○○○부장이 지방 공장 정보파트에서 근무하던 중에 사무실에서 언성을 높여 싸운 일이 있었다. 연말 조직 개편 시즌에 본사 (정보)전략 팀장 자리가 공석이 되었는데 주변에서는 당연히 그가 (정보)전략 팀장이 될 거라고 예상했다. 그 팀장 자리는 충원될 때까지 공석인 채로 임원급 직속 상사가 몇 개월째 겸임하고 있다.

주변 동료들 예상과 본인의 기대와는 달리 그는 팀장 선임에서 탈락되었다. 비공식적인 루트를 통해 알아본 바로는 지방 공장 사무실에서 언성을 높여 싸운 일이 화근이 되었다. 그 사실이 본사 인사팀으로 회신되어 팀장 선발 시 리더십 평가에 마이너스로 작용했다는 후문이다.

회사마다 다르지만 팀장이 되면 팀원들을 평가할 수 있는 권한과 매월 50만 원에서 100만 원 상당의 팀장 수당이 주어진다. 사무실은 화가 난다고 언성을 높일 수 있는 사적인 공간이 아니다. 공적인 공간이다. 공적인 공간에서 한 번 언성을 높여 싸운 일이 계기가 되어 그는 연봉 면에서 600만 원에서 1,200만 원을 손해 본 셈이다. 자녀들을 몇 개의 학원에 보낼 수 있는 비용과 매주 패밀리 레스토랑에서 외식할 수 있는 비용을 공중에 날려 버린 셈이다.

상사와 원만한 관계를 유지하기 위해서는 상사에 대한 인식을 새롭게 할 필요가 있다. 내게 주어진 업무를 잘하면 그만이지 굳이 상사 눈치를 볼 필요가 없다는 말은 맞지만 위험한 발상이다. 상사가 내 업무 영역에서 중요한 비중을 차지한다는 사실을 알아야 한다. 조직에서 (팀 단위) 조직 구조와 직무를 설계할 때 모든 업무를 상사와 부하 직원이 활발하게 소통해야 성과가 날 수 있도록 구성했음을 인정하라.

주니어 입장에서 보면 팀장은 보고서도 쓰지 않고 크게 하는 일이 없어 보일 수 있다. 팀장의 역할은 팀원들에게 직급과 업무 수행 역량에 맞는 업무를 배분하고 업무 흐름을 조율하여 성과까지 연결시키는 것이다. 그중의 일부분 업무가 당신에게 주어지고 팀장을 중심으로 다른 팀원들의 업무와 연관성을 맺고 진행된다.

업무 지시를 하는 주체도 상사이고, 업무 진행 과정을 중간에 보고 받고 최종적인 결과를 책임진다. 중간 진행 과정에서 발생하는 문제와 스스로 해결하기 힘든 이슈들은 팀장의 도움을 받아야 한다. 무능해 보이는 팀장이라도 인맥들을 동원해서 당신이 해결하지 못한 난제를 풀어 줄 수도 있기 때문이다.

상사는 당신이 원만한 관계를 맺고 중간 보고 등을 통해 활발하게 소통해야 할 대상이다. 결정적으로 연말 평가를 통해 당신의 연봉 협상과 성과 금액에 영향을 미치는 존재임을 잊지 말라. 설령 팀장과 업무 스타일이 너무 안 맞아서 다른 부서로 옮겨가더라도 새로운 부서에서의 당신의 평판을 좌지우지하는 키를 쥐고 있다는 점도 기억하기 바란다.

하늘같은 직장 상사의 역린을 건드리지 않는 선이 무엇인지 알고 대처할 필요가 있다. 상사의 자존심에 생채기를 내거나 자존감을 건드리는 선을 넘어서는 안 된다. 부부 관계에서도 지켜야 할 선을 넘으면 갈등이 생기고 결국 이혼에 이르듯, 상사와의 관계에서도 선을 넘으면 회사와 이별해야 한다. 상사도 감정을 가진 보통 사람이라는 사실을 간과하지 마라.

필자의 예를 들면, 조직 개편에 따라 신설되는 팀에 지원해서 발령을 받아 가보니 팀장이 높으신 분의 배경으로 그 자리에 앉았다는 소문이 나돌았다. 새로 생긴 팀에 대한 임원들의 기대가 있는 상태에서 해당 팀과 관련된 업무 경력이 없는 팀장과 일을 하다 보니 새로운 돌파구가 필요했다.

해당 분야의 전사 중장기 마스터 플랜 수립과 우선 과제 도출을 위해 외부 전문가의 도움이 필요하다고 보고를 드렸다. 사업부에 근무할 때 인맥을 동원해서 외부 컨설턴트를 영입해서 어렵사리 프로젝트 팀을 꾸리고 임원들의 결재를 받아냈다. 그 과정에서 팀장이 할 일이라곤 컨설팅 수행을 위한 사전 보고서에 표현을 몇 군데 고치라는 것뿐 그 이상 어떤 피드백도 해주지 않았다. 아니 그만한 실력이 없었다고 판단했다.

본사에 별도의 프로젝트 룸이 없어서 한 시간 정도 떨어진 디자인 센터의 여유 공간에서 컨설턴트들과 프로젝트가 시작되었다. 3개월 기간 동안 시작 보고, 중간 보고, 최종 보고 총 3회 임원진에게 정기 보고 계획을 세우고 진행했다. 그런데 당시 팀장이 매주 월요일 전주 수행 실적과 차주 프로젝트 진행 계획을 대표 컨설턴트와 같이 본사에 들어와서 보고하라고 지시했다.

짧은 기간에 고가의 컨설팅 비용을 지불하는 상황이라 양질의 피드백을 해 주지도 못할 팀장에게 매주마다 대면 보고는 비

효율적인 일이라고 판단했다. 대표 컨설턴트와 협의 후에 매주 서면 보고로 갈음하겠다고 하고 프로젝트를 진행했다. 그 와중에 팀장이 회사 메신저를 항상 켜놓고 있으라고 했다. 회사 메신저에 온·오프 표시가 되는 기능이 있어 그 사람이 자리에 있는지 없는지 알 수 있었다. 급한 용무가 있거나 전달할 사항이 있으면 전화를 드리겠다 하고 회사 메신저를 끈 상태에서 프로젝트를 진행했다. 당시에는 몰랐지만 그런 일련의 행동들이 팀장의 자존심을 건드리는 일이라는 걸 나중에 알게 되었다. 역린까지는 아니더라도 가뜩이나 해당 분야의 전문성이 부족한 팀장의 자존감에도 부정적인 영향을 미쳤다.

컨설팅 프로젝트 진행 중에 대내외적으로 여러 가지 일들이 겹쳐 임원진의 기대만큼 아웃풋이 나오지 않았다. 프로젝트 한 번 말아 먹었다고 회사에서 밀려 나지는 않았지만 팀장 선임에는 영향을 미쳤다. 당시 팀장이 다른 부서로 발령이 나고 공석이 되자 팀장 선임에서 탈락의 고배를 마셨다.

팀장 선임에 여러 가지 요소가 작용하지만 결정적으로 당시 팀장이 나를 추천하지 않고 다른 동료를 지지해주었다는 점이다. 친분이 있었던 임원이 지나가는 말로 한 마디 진심어린 충고를 해주셨다. "팀장이 좀 부족해 보여도 잘 좀 하지 그랬어."라고.

그 팀장과 근무한 기간이 채 6개월도 안 되었는데 3개월 프로젝트를 진행하면서 팀장의 자존심과 자존감을 건드린 일련의 일들이 팀장 선발 탈락에 결정타가 된 것이다. 팀장이 아닌 한 사람으로서 그의 자존심과 자존감을 존중해주면서 선을 넘지 않는 현명한 직장인이 되기를 기원한다.

싫은 상사를 만났을 때 대처하는 법

사람이 싫어지는 데도 이유가 있을까? 사람이 싫어지면 그만이지 정확한 이유를 대라고 하는 것 자체가 황당할 수도 있다. 그냥 지나치는 인연으로 한 번 보고 말거라면 그 사람이 싫어진 이유를 굳이 되돌아 볼 필요가 없다. 오늘도 내일도 적어도 몇 년간 봐야 할 사람이라면 싫어진 감정의 원인을 되짚어 보고 증오의 단계를 넘어 악연이 되지 않도록 주의가 필요하다.

그 대상이 자신의 운명을 바꾸어 놓을 만큼 비중이 큰 부부나 직장 상사라면 더욱 그렇다. 아내나 남편보다 하루 중에 가장 많은 시간을 보내는 상사가 싫어졌다면 운명의 지침을 바꾸어 놓을 만한 사건이다. 식음을 전폐할 필요까지는 없지만 한 끼 정도 금식하고 관계 개선을 위한 진지한 고민이 필요하다.

부정적인 기억들과 상한 감정들이 결합되어 싫어졌다는 느낌을 빚어낸다. 싫어졌다는 느낌은 단순히 단 한 번의 사건이나 엇나간 경험으로 빚어지는 일시적인 감정이 아니다. 상당 기간 나쁜 경험과 기억들이 누적되어 현재까지 영향을 미치고 있는 현재 완료 진행형 감정이다.

직장에서 당신의 미래 진로와 매달 손에 쥐는 월급 수준을 좌지우지하는 상사가 싫어진 감정을 냉정하게 이성적으로 접근해 보자. 싫어진 이유를 적어보라면 까만 밤을 하얗게 지새울 만큼 이유가 많을 줄로 안다. 그럼에도 상사를 향한 싫은 감정은 사치이고 자기 착각의 산물이다.

당신은 아마도 상사를 연애 대상과 비슷한 관점을 들이밀어 감정의 오류에 빠져 있을 가능성이 높다. 직장 상사는 당신의 연애 상대가 아니다. 만약 당신이 상사를 싫어한다면 한편으로는 당신은 상사를 좋아할 수 있는 가능성도 내포하고 있다. 무슨 궤변으로 들릴지 모르지만 감정이란 놈이 그렇다. 상사가 지금보다 더 관심을 가져주고 신경을 써 준다면 서운했던 감정이 사르르 녹아 사라질 수도 있다. 결국 상사를 좋아하는 감정으로 흘러갈 수도 있다. 당신이 타인에 대한 평가에는 혹독하고 자신에게는 너무 관대한 잣대를 들이대는 습관을 버릴 수만 있다면 얼마든지 가능하다.

입장 바꿔 생각해 보라. 당신은 과연 상사가 애정할 만큼 예쁜 짓을 하고 있는가? 상사의 눈에 띄고 마음에 드는 후배 사원의 예쁜 짓은 어린애들이 즐겨하는 재롱이나 애교가 아니다. 자신의 직책이나 직위에 주어진 역할 기대에 부응하는 것이 부하 직원의 예쁜 짓이다.

한 마디로 당신이 주어진 일을 잘하고 성과를 내면 사랑받을 만하다. 그럼에도 상사가 당신이 싫어하는 말과 행동을 한다면 그것은 오롯이 상사의 몫이다. 그순간부터 상사를 싫어하지 말고 마음껏 증오하라. 할 수만 있다면 회사와 이혼해도 좋다.

싫어하는 감정은 상대적이며 상호 작용이 이루어진다. 당신이 상사가 싫어졌다면 상사도 이미 당신이 싫어졌다고 생각해도 무방하다. 다만 상사는 싫다는 감정을 직접 드러내어 표현하지 않고 다양한 신호를 당신에게 보내고 있을 것이다. 맨날 당신을 여러 가지 이유로 타박하던 상사가 묘한 웃음만 짓고 넘어간다면 당신에게서 상사의 마음이 거두어지고 있다는 신호이다. 사랑의 반대말인 지속적인 무관심으로 당신을 방치하고 있을지도 모른다.

상사가 정신적인 치료가 받을 만큼 자존감이 낮거나 감정 조절에 매번 실패하는 헐크가 아닌 이상 당신을 싫어하는 이유는 크게 3가지다.

먼저 당신이 직위와 직책에 맞는 업무 수행 능력이 부족한 경우다. 직장은 조직에서 요구하는 수준의 목표를 초과 달성하는 팀과 각자 받는 월급의 적어도 3배 이상 성과를 내주는 팀원들을 예뻐한다. 팀원 모두 일정 수준 이상 자기 밥값을 하고 있는데 유독 당신만 팀 평균을 까먹고 있지는 않은지 살펴보라. 능력도 상대적으로 부족한데 일에 대한 열정과 성실함마저 없다면 상사는 당신을 싫어하기 마련이다. 능력, 열정, 성실 3종 세트가 모조리 부족하다면 조직마저 당신을 미워하고 이혼 서류를 준비할 것이다.

다음으로 당신이 평소에 상사의 말을 귀담아 듣지 않는 독고다이 스타일일 가능성이 높다. 상사의 직책과 직위는 고스톱의 밑장을 잘 빼서 올라간 자리가 아니다. 당신이 보기에 아무리 능력이 없어 보이는 상사라도 인사팀에서 업무 능력과 인성, 주변의 평판을 종합적으로 고려해서 팀장과 리더들을 신중하게 선발한다.

좁은 소견으로 상사를 함부로 판단하고 은근히 멸시하며 상사의 타박을 지나가는 개가 짓는 소리로 치부한다면 당신은 조만간 조직에서 아웃이다. 직장이라는 조직은 냉철한 이성으로 직원들의 능력과 태도를 동시에 평가한다. (업무 처리) 능력은 기본이고 직원들의 태도가 점점 더 중요한 요소로 작용한다.

부하가 일을 정말로 잘 하는데 기본적인 예의가 없다면 사랑받을 수 있을까? 아니다. 팀에서 성과를 좀 내고 있다고 상사의 뒷담화를 일삼으며 어깨를 들썩거린다면 애정할 수 있을까? 그

것도 아니다. 주변 동료들을 한 수 아래로 보거나 눈을 치켜뜨는 일은 막장 드라마에서나 가능한 일이다. 그 친구는 일은 좀 하는데 인성은 쓰레기라는 소문이 날 정도면 정말 답이 없다.

상사 입장에서 당신의 성장을 위한 챌린지가 더 이상 먹히지 않는다면 소귀에 경 읽는 격이 된다. 그때부터 상사의 눈에 당신은 더 이상 사람이 아니다. 묵묵하게 회사라는 밭에서 성과를 일구어 내는 믿음직한 황소 같은 사람이 아니라, 시장에 내다 팔아야 할 소 새끼로 전락하게 된다. 주인의 소리를 듣지 못해 함께 밭을 경작할 수 없는 귀머거리 소를 내다 팔 것이다. 결국 그 소는 도살장으로 끌려가 사람들의 식탁에서 한 끼 식사로 사라질 것이다.

후배 사원의 말을 경청하라

역지사지(易地思之), 《맹자(孟子)》의 〈이루편(離婁編)〉에 수록된 '역지즉개연(易地則皆然)'이라는 문구에서 나온 말이다. 학창 시절부터 입사 시험, 취직 후에도 너무 많이 들어본 사자성어이다. "다른 사람의 입장에서 생각하고 행동하라"는 뜻이다. 어떤 상황에서든 자신에게 득이 되는 방향으로 생각하고 행동하는 '아전인수(我田引水)'와 반대의 의미로 사용된다.

너무 흔하게 듣던 사장성어들이라 무덤덤하게 지나치기 쉽다. 하지만 이 두 가지 사장성어에 자신의 언행심사(言行心思)를 비추어 보고 사람들을 대한다면 적어도 대인 관계 때문에 직장 생활에 실패하는 일은 없을 것이다. 특히 후배 사원들을 대할 때

'역지사지(易地思之)'는 필수 덕목이다.

　개구리가 올챙이 시절을 생각하지 못하고 후배 사원들에게 밑도 끝도 없는 잔소리를 퍼붓고 있지는 않은지 자신을 살펴보라. 순전히 당신의 편견이나 왜곡된 시선으로 후배 사원들을 바라보면서 〈응답하라 1988〉 시대에나 먹히던 고전적인 멘트로 그들을 능욕하지 마라. 특히 당신이 수능 세대가 아니고 학력 고사 세대라면 흔해 빠진 사자성어를 동반한 꼰대 같은 잔소리를 잠시 접어두고 입술에 파수꾼을 세우기를 바란다.

　쉰 세대가 신세대와 공생하는 대화의 비결은 따로 있다. 먼저 후배 사원들을 당신의 친동생이나 끈끈한 동아리 후배처럼 대하고 있는지 귀하의 멘탈을 점검해 보기 바란다. 다만 형제 간 우애가 좋고 화목한 가정에서 성장하여 다정다감한 바람직한 인간상인 경우에 한해서다.

　만약 전통적인 가부장 사회의 끝물이 빠지지 않아 권위 의식이 여전히 남아 있다면 그건 개나 줘버려라. 신세대 후배들은 고리타분한 아재나 꼰대 같은 멘트에 반응하지 않을 뿐더러 때로 혐오하는 추임새마저 감추지 않는다. 혹여 당신의 식상한 멘트에 그런 기미가 보이더라도 의식적으로 입꼬리를 올리고 회심의 미소를 지어라. 하지만 평상시에 꾸준한 훈련을 하지 않으면 염화의 미소가 안면 근육에 마비(?)를 일으킬 수도 있으니 유의하기 바란다.

　본시 말이란 것이 마음에 가득 쌓아 놓은 바가 자연스럽게 흘러나오는 법이다. 직장에서 상사, 동료, 후배 사원들과 말을 잘하기 위해 국어가 아닌 '회사어(會社語)'로 말하라는 등 수 많은 비법서가 있다. 그런 책을 읽고 난 후에 영어보다 어렵다는 회사어(會社語)를 마스터해서 청산유수처럼 술술 흘러나온 경험이 있었던가? 무슨 화술 기법과 성공한 사람들의 7가지 대화 습관을 몇 권 읽는다고 당신의 말투나 화법이 획기적으로 바뀌었다면 그런 책을 쓴 작가에게 억만금을 기부하기 바란다.

　직장에서 당신이 회심의 미소를 지을 수 있는 여유를 유지할 수 있다면 그것이 갑이다. 미소를 지나치게 강조하는 이유는 회사 어느 구석을 둘러봐도 대부분 이마에 내 천(川)자를 그리고 있기 때문이다. 특히 월요일 아침에는 누가 내 천(川)자를 이마에 새겨 질 정도로 잘 그리는지 경연 대회를 하는 분위기다.

　무슨 수도원이나 템플 스테이에서 행하는 마음 챙김이나 수련을 하라고 궤변을 늘어놓을 요량은 아니다. 다만 직장인으로 마음의 여유를 가지고 후배들과 원만한 대화를 이끌어 가기를 바랄 뿐이다. 그러기 위해서는 화술 이전에 갖추어야 할 전제 조건이 따로 있다.

　당신이 화술 이전에 갖춰야 할 것은 후배들의 질문에 막힘없이 답변하고 조언할 수 있는 준비된 업무 능력이다. 후배 사원들이 리더들에게 묻고 싶은 내용 중 십중팔구는 스스로 해결할 수 없는 문제가 발생하여 그에 대한 힌트라도 주기를 바라는 간절함에서 비롯된다.

먼저 상사가 예상 아웃풋 이미지를 미리 그려 보고, 후배 사원들에게 명확하게 업무 배분을 하고 각자마다 데드라인을 적시해야 한다. 자꾸 쭈뼛거리면서 막판에 말도 안 되는 보고서를 들이민다고 결재판을 들었다놨다 하지 말고, 차라리 중간 보고를 언제까지 해달라고 미리 요청하라. 그러기 위해서는 상사가 지시하는 업무의 로드와 후배들의 업무 수행 역량을 파악하고 있어야 한다.

동시에 중간 보고를 하되 부담 갖지 말고 해당 기일까지 고민한 결과를 메모라도 좋으니 반드시 텍스트 형태의 문서로 가져오라고 업무 지시를 하라. 메모라도 텍스트를 강조하는 이유는 후배 사원들이 글로 쓰면서 자신의 생각을 정리하고 상사만 보면 입도 안 떨어지는 묘한 긴장감을 해소시켜 주는 효과가 있기 때문이다.

최근에 카톡이나 스마트폰 문자 등으로 보고를 간소화하는 이유는 문서 작성이나 대면 보고로 불필요한 시간 낭비를 줄여보자는 데 기본적인 취지가 있다. 그런 효과 외에도 상사와의 대면 보고가 심적으로 부담이 되어 자신의 생각을 자유롭게 일목요연하게 표현하지 못했던 성향의 후배들에게 말문을 트여주는 순기능이 있다.

다음으로 너무나 많이 들어본 조언이지만 진심으로 후배 사원의 말에 귀를 기울이라. '경청'에는 깊은 의미가 있지만, 그대여 제발 후배가 말하는 중에 미리 넘겨짚고 말꼬리를 자르지 마라. 직장에서 후배의 말을 끝까지 듣고 난 후에 반드시 한 템포를 쉬라. (순간 3초간 심호흡을 하고) 자신의 의견을 말할 수 있다면 거의 성인에 수준에 이르렀다고 생각해도 무방하다.

동서양 고전을 다 읽지 않고도 직장에서 인문학적 소양과 교양을 단기간에 갖출 수 있는 방법은 후배 사원들의 말에 고개를 끄덕이며 적어도 3분 정도 당신의 입술을 열지 않는 기술에 있다. 직장에서 후배 사원들과 원만한 대화의 기술은 화려한 멘트나 화술이 아니다. 후배 사원들과 대화를 가장 잘하는 방법은 자신의 말을 아끼는 스킬임을 명심하기 바란다.

부드럽게 내 의사를 관철시키는 기술

외유내강(外柔內剛) – 따스한 부드러움은 그 무엇으로도 이길 수 없다.

《당서(唐書)》〈노탄전(盧坦傳)〉

외유내강(外柔內剛)은 《당서(唐書)》〈노탄전(盧坦傳)〉에 나오는 말이다. 말 그대로 '겉으로 보기에는 부드러워 보이나 (마음) 속으로는 꿋꿋하고 굳세다'는 의미를 담고 있다. 공자는 인(仁)을 강조하고 묵자는 강직함(廉)을 귀하게 여겼고, 노자는 부드러움을 강조했다.

노자는 '사람이 태어날 때는 유들유들하고 약하지만, 죽을 때면 굳어지고 강해진다(人之生也柔弱, 其死也硬 堅强)'고 설파했다. 산천에 널린 초목도 생기가 넘칠 때는 부드럽지만 시들기 시작하면 결국 말라서 비틀어지고 만다. 강한 군사력을 가진 군대도 계속해서 전쟁을 하면 결국 멸망하게 된다. 강대강의 대립으로 몇 번은 승리할지 몰라도 군사력이 더 강한 군대가 오면 결국 전투에서 지고 만다.

노자가 주장했던 자연법칙은 기본적으로 서로 다투지 않는 데 있다. 강한 것만을 귀하게 여기는 세상 사람들의 가치를 전격적으로 뒤집으면서도 물을 모티브로 알기 쉬운 사례를 통해 부드러움의 가치를 은근히 들이댄다. 물은 가장 부드럽고 정형화된 실체가 없지만 강하다. 그 무엇도 물의 기본 성질을 바꿀 수 없으되, 물은 다른 물질들을 희석하고 용해시켜 포용하며 침범하지 않고 타고 흘러 넘어간다. 아무 힘도 없을 것 같은 물이 계속해서 떨어지면 단단한 바위도 뚫을 수 있다.

나무가 너무 강하고 굳세도 세찬 비바람에 부러지게 된다. 반면에 유연한 대나무는 강한 태풍을 흘러 보내고, 일부는 끌어안으며 부러지거나 뿌리 채로 뽑히는 경우가 없다. 자연 현상에서 부드러움이 강한 것 위에 존재하듯이 대인 관계에서도 부드러운 카리스마가 최고다.

'외유내강' 형의 성품을 지닌 사람은 최근 유행하는 '상남자' 스타일이나 '나쁜 남자' 콘셉트와는 거리감이 있다. 상남자'나 '나쁜 남자'는 근육질에 박력 있고 사랑 고백을 주저하지 않는 저돌적인 스타일이다. 그런 이미지를 가진 탤런트나 아이돌 가수들이 인기를 끌고 여성 팬들의 사랑을 독차지하고 있다.

외유내강형의 스타일을 가진 사람을 꼽으라면 누가 연상되는가? 마초 같은 상남자나 나쁜 남자가 드라마에서는 멋있어 보이고 당장 끌릴지는 모르지만 현실에서 호전적인 성격으로 변하는 순간 문제가 된다. 고전에 호전적이고 호탕한 성격을 가진 인물을 꼽자면《삼국지》의 장비와 관우를 빼놓을 수 없다. 그들의 용맹성과 무예를 높이 살 수 있지만 그 두 사람을 이끌어 리더가 된 사람은 유비다.《삼국지》에서 나오는 유비는 외유내강형의 성품을 지닌 부드러운 카리스마의 소유자이다.

《삼국지연의》의 주인공인 유비는 장비나 관우처럼 개인적인 재주나 뛰어난 무예가 없던 인물이었다. 언뜻 보기에 유약해 보이고 무능해 보일 수도 있다. 하지만 자신의 주변에 재주와 기예가 많은 사람들과 소통하며 신뢰를 쌓아서 대의명분(大義名分)을 따라 대업(大業)을 이루게 된다.

이 시대에 중국을 이끌어가는 지도자들도 대부분 한고조 유방과《삼국지》의 유비를 외유내강(外柔內剛)형 지도자로 치켜세웠다. 두 인물이 개인적으로 뛰어난 재능은 없었지만 소통형 리더로 천하 통일이라는 대업을 이루었기 때문이다.

중국 지도자들이 중국 역사와 문학 작품 속 대표적인 인물들의 부드러운 카리스마 리더십을 강조하는 이유는 그들과 자신을 동일시하려는 전략적인 의도가 숨겨져 있다. 외유내강*(外柔內剛)*형 인물들은 겸손하고 부드러운 자세와 태도로 타인의 장점을 치켜세우지만, 애매하거나 곤란한 상황에서는 자신의 뜻을 굽히지 않는 특성을 가지고 있다.

외유내강*(外柔內剛)*형 성품은 대표적인 지도자들의 정치 철학에 그대로 반영되어 있다. 후덕재물*(厚德載物)*은 '덕을 두텁게 쌓아 만물을 이끌어 나간다'는 뜻으로, 인화단결*(人和團結)*이 그 리더십의 대표적인 특징이다. 후덕재물은 《주역》에 나오는 명구로서, '지세곤*(地勢坤)* 군자이*(君子以)* 후덕재물*(厚德載物)*'에서 발췌한 것이다. '넓은 땅에 두툼하게 흙이 쌓여 있듯이 자신의 덕을 깊고 넓게 쌓아서, 세상 만물을 하나로 포용하여 이끌어 나가라'는 의미다. 따뜻한 부드러움을 이길 수 있는 것은 그 무엇도 없다는 말의 의미를 되새기고 명심하기 바란다.

사내정치와 건강한 리더십

회사에서 순수하게 업무 수행 능력만 있으면 성공할 수 있을까? 그렇게 생각한다면 아직 조직의 생리를 모르는 갓 입사한 신입 사원이거나 순진무구한 소수파나 야인일 수도 있다. 직장인 10중 여덟 명 이상이 사내정치(社內政治)가 엄연히 작용하고 있음을 인정한다. 10명 중 과반 수 이상이 사내정치의 뒤끝을 처절하게 경험했다고 토로하고 있다.

사내정치는 진짜 정치판에서 야당과 여당이 독한 설전으로 피터지게 싸우는 그런 유의 뻔뻔하고 거창한 것만 있는 게 아니다. 당신이 오전 근무를 마칠 무렵 점심 메뉴를 정하는 사소한(?) 일부터 사내정치가 작용하기 시작한다. 계급이 깡패라고 힘의 논리가 작용하는 데는 어디서나 사내정치의 역학 관계가 마수

(?)를 뻗치기 시작한다.

만약 무더운 여름 말복에 팀장이 만약 '보신탕' 먹으러 가자는데, 당당하게 거부하고 함흥냉면을 먹는 것이 더 좋겠다고 얘기할 수 있는가? 설령 팀장이 당신과 동료들을 배려(?)해서 냉면집에 갔다고 해서 마냥 기뻐할 일이 아니다. 비록 그런 사소한(?) 일로 당신을 미워하거나 당장 블랙리스트에는 올리지 않더라도 3회 이상 넘어가면 팀장의 마음과 기억 속에서 당신은 삼진아웃이다. 그럴 때는 보신탕을 전문으로 하되 서브 메뉴로 삼계탕이 되는 식당을 신속하게 섭외해서 팀장에게 진상하라. 그 정도는 눈치껏 해줘야 사내정치에 입문할 수 있다.

사내정치라는 용어가 풍기는 뉘앙스가 뒷담화, 치고 빠지기, '어제의 동지가 오늘의 적이다'는 식으로 부정적인 이미지로 퇴색된 측면이 있다. 사실 그런 권모술수나 얕은 수작, 덜 떨어진 모함이나 배신은 눈치 빠른 신입 사원들에게도 금방 들통 나고 파다하게 소문이 나고 만다. 사내정치는 덜떨어진 술책과는 거리가 먼 나름 세련된 대인 관계 스킬이다.

사내정치에서 중요한 두 가지 고려 요소는 조직 내에서 인정받을 만한 업무 역량과 신뢰 지수다. 회사에서 능력을 인정받는 사람들에게 사람이 몰리기 마련이다. 차별화된 전문 지식을 갖추고 그것을 성과로 연결시키는 그 분야의 장인들은 금세 눈에 띄고 주변 동료들에게 영향력이 생긴다.

이에 비해 신뢰 지수는 자신의 실력으로만 커버할 수 있는 영역이 아니다. 쉽게 눈에 보이지 않고 객관적으로 측정이 거의 불가능해서 상대방이 누구든지 간에 어느 정도 직접 겪어봐야 확인이나 확증이 가능하다. 사내정치는 공공연하게 자행되는 것이 아니라 알게 모르게 다양한 접촉 경로를 통해 사람들의 생각과 마음속에 영향력을 행사한다. 사람들의 마음속에 자신의 존재감을 각인시키고 신뢰감을 형성하고 유지시키는 것이 사내정치의 본질이다.

사내정치를 통한 신뢰 지수는 마치 마이너스 통장과 같다. 상사나 주변 동료들과 원만한 관계를 유지할 때는 신뢰의 복리가 붙는다. 그와는 반대로 반복되는 실수로 사람들과의 관계에 틈이 생기면 신뢰 지수가 마이너스로 바뀌고, 결국 사내에서 당신의 평판은 바닥을 치게 된다. 업무상의 잦은 실수와 주변 동료들과의 싸움으로 신뢰 지수가 급격하게 떨어지면 진급 심사에서도 탈락의 고배를 마시게 된다.

사내정치는 타인에게 영향력을 미치기 위해 하는 것이다. 긍정적인 평판을 받아야만 자신의 영향력이 확대된다. 실력은 기본이고 쇼맨십도 필요하다. 없는 것을 있는 것처럼 포장하는 것이 아니라 자신이 지니고 있는 자질이나 실력을 돋보이게 하는 기술을 의식적으로 연마할 필요가 있다. 사내정치는 자신의 의도를 관철시키기 위한 세련된 대인 관계 기술임을 재차 강조한다. 지금부터 주변 동료들에게 피해를 주지 않으면서 자신의 영향력을 행사할 수 있는 사내정치의 기본 팁을 공유한다.

먼저 평소에 신뢰 통장이 마이너스가 되지 않게 꾸준하게 동전이라도 입금시켜야 한다. 상대방이 누구이든 하루에 몇 번을 만나든 밝은 미소와 경쾌한 목소리로 인사하라. 유치원생도 아닌데 인사 타령이냐 할 수 있지만, 웃는 낯과 밝은 톤으로 인사하는 사람이 몇 명이나 되는지 손꼽아 세어보라. 의외로 그런 사람이 많지 않다.

미소와 확신에 찬 목소리는 자신감에 차 있으며 마음에 여유가 있다는 표식이다. 나는 당신이 무슨 말을 하든 받아들일 마음의 준비가 되어 있음을 은근하게 알리는 신호이다. 그렇다고 히죽거리거나 썩은 미소를 지어서는 안 된다. 눈웃음을 짓되 꼬리친다는 인상을 주어서도 안 된다.

다음으로 평소에 잔머리 굴리지 않고 나름 성실한 사람이라는 인상을 심어주어야 한다. 상사보다 빨리 출근하고 업무 지시에는 반드시 중간보고를 해서 상사의 의중을 재차 파악해서 그가 원하는 대안을 제시하라. 기본적인 실력이 쌓여야 다른 팀 사람들과 업무적으로 맞장을 뜰 수 있다. 자신의 직속 상사에게도 인정받지 못하는 사람이 팀 외부 사람들에게 결코 영향력을 행사 할 수 없다.

회사는 철저하게 공식적인 이익 집단이다. 구성원들이 각자

이익을 따라 일하는 것이 어찌 보면 당연한 일이다. 회사가 매년 성장하고 이익을 내야 나도 성장하고 월급을 받을 수 있다. 사심 (私心)을 가지고 일을 한다고 하면 다소 부정적인 뉘앙스를 풍길 수 있다. 당신의 개인적인 성장과 보상 욕구를 그럴듯하게 포장할 만한 명분이 필요하다.

대외적으로도 수긍할 만한 회사의 비전이나 캐치프레이즈와 연계시키면 그럴듯한 대의 명분이 성립된다. 나무를 베어서 화장지를 만드는 유한킴벌리가 '우리 강산 푸르게 푸르게'라는 구호로 기업 이미지를 제고해서 더 많은 화장지를 판매하는 방식을 참조하면 된다. 개인적인 비전을 실현하기 위해서 일을 하더라도 나만 잘 되자고 하는 것이 아니라 회사의 발전을 위해서 헌신한다고 어필할 필요가 있다.

다음으로 사내정치는 철저하게 팩트(fact)에 근거한 현재 조직 내 이슈를 파악하고 접근해야 한다. 사내에 떠도는 풍문 중에서 사실과 말 그대로 소문을 구분해서 현재 영향력의 근원이 어디인지 파악해야 한다. 영향력의 여파가 어느 방향으로 흘러갈지 매의 눈으로 관찰하고 대처해야 한다.

불황이 장기화될수록 일선 부서의 영업력이 강세를 구가할 거라는 예상 정도는 할 수 있어야 한다. 전통적인 건축자재 전문 기업에서 자동차 소재 연구소장 출신을 CEO로 깜짝 발탁했다면 오너의 관심이 미래 유망 사업을 향해 달리고 있음을 파악해야 한다. 동시에 회사가 날이면 날마다 위기령을 멈추지 않으면서도 계속해서 경력자들을 뽑아대는 분야가 대세로 등장할 가능성이 높다.

오너 일가가 주목하는 분야나 아이템이 속한 사업부가 회사의 중심 세력으로 급격하게 성장할 수 있음을 간파하라. 세탁기 박사 조성진 부회장이 당시 인기를 누리던 선풍기를 제쳐두고 가전제품 점유율 1%도 못 미치는 세탁기 개발에 뛰어든 것도 장기적으로 미래 사업을 내다보는 안목이 있었기 때문이다. 줄을 잘 서서 '저 분이 승승장구하면 나도 출세할 수 있지 않을까?' 같은 착각과 근시안적인 사고에서 벗어나라. 당장 눈에 보이게 잘 나가는 임원에게 묻어가겠다는 어리석은 우를 범하지 마라

마지막으로 사내정치로 자신의 영향력을 발휘하기 위해서는 부하 직원의 성장에 관심을 갖고 그들을 진급시켜라. 보통 회사에서 중요한 숫자를 다루는 경영관리 부서의 팀장급 이상은 회사에 뼈를 묻을 만큼 회사에 대한 충성심이 강하다. 회사 마감 후에 실적 분석과 대책 보고를 위해 업무 강도가 높고 상사들의 기대 수준도 높아서 다른 부서에 비해 퇴근도 늦고 종종 주말 근무를 하는 경우도 있다. 그럼에도 그들이 헌신하는 이유는 평소의 노력이 진급 심사 때 우선 순위자로 발탁되서 보상을 받기 때문이다.

그렇다고 회사에서 팀 간에 정당한 경쟁 외에 사조직이나 파

벌을 형성하는 것은 피해야 한다. 사내정치가 마치 패거리를 만드는 것으로 착각하고 엉뚱한 방향으로 사람들의 힘을 결집해서도 안 된다. 사조직이나 파벌들 간에 적대적인 정쟁이 시작되면 선량한 직원들이 피해를 보기 때문에 신중을 기해야 한다.

사내정치는 자신의 영향력을 확대하기 위한 세련된 조직 융합과 대인 관계 기술임을 명심하라.

상황에 맞게 처신하라

《한비자》에 보면 '비지지난야, 처지즉난야(非知之難也, 處知則難也)'라는 구절이 나온다. 아는 바가 어려운 게 아니다. 어떻게 처신하느냐가 어렵다는 의미이다. 자신이 배운 대로 상황에 맞는 처신(處身)의 중요성을 강조한다. 처신은 세상살이나 대인 관계에서 바람직한 몸가짐이나 행동 양식이다. 사회 생활을 하면서 믿음직한 말과 행동으로 신뢰를 쌓아야 상대방의 인정을 받을 수 있다.

상황에 적합한 올바른 처신은 상대방에게 호감을 주고, 적절한 처신의 결과가 누적되면 상호신뢰(相互信賴)가 구축된다. 비즈니스에서는 평소에 영업사원의 바람직한 처신으로 쌓은 신뢰를 기반으로 고객과의 거래가 성사된다. 회사에서도 동일한 업무 능력을 가진 같은 직급의 인재라면 평소 업무를 처리할 때나 동료들 사이에서 믿음직한 말과 행동으로 처신을 해온 사람에게 먼저 진급의 기회가 주어진다. 외교 무대에서도 대통령이나 외교관들의 상황에 맞는 적절한 처신으로 호혜관계(互惠關係)가 성립되고, 국가 비상사태에도 아낌없는 원조를 주고받는 든든한 우방(友邦)으로 자리매김하게 된다.

평소에 바람직한 처신으로 상대방과 신뢰를 쌓는 데는 비교적 오랜 시간이 걸린다. 반면에 공인들의 부절적한 처신으로 평생 쌓아 온 신뢰와 지명도를 한 방에 날려버리는 기사가 종종 신문지상에 오르내린다. 기자들과의 모임에서 국민을 개돼지로 표현한 1급 교육 기획관의 망발(妄發)이나 인수 위원회 자격으로 미국에 가서 성추행 혐의로 기소된 청와대 대변인의 부적절한 행위가 눈살을 찌푸리게 한다.

결국 그들은 한순간의 부적절한 말과 행위로 평생 쌓아 올린 명성에 누를 끼치고, 선망 받는 직책에서도 파직(罷職)되었다. 그 와중에 막상 그럴 의도는 없었다고 하면서, 까마귀가 날아오르자 배가 떨어졌다는 오비이락(烏飛梨落)의 고사성어를 들어 항변(抗辯)했다. 때론 침묵이 금이 된다는 마지막 미덕(美德)마저 저버린 부적절한 처신이 씁쓸하다.

데일 카네기는 《인간관계론》에서 존경받는 리더로 자신을 세우기 위해서 '상대방을 비평하기 전에 자신의 잘못을 인정하라'고 조언한다. 한 발 더 나아가 상대방의 아주 작은 발전이나 성과에 대해서도 칭찬을 아끼지 말라고 강조한다. 상대방의 체면을 세워주고 훌륭한 명성을 갖도록 도와주라고 제안한다

직장 생활을 하면서 리더의 위치에 있는 사람일수록 더욱 처신에 주의를 기울여야한다. 《악부사 고사》의 〈군자행(君子行)〉편에 "오이밭에서 신발을 고쳐 신지 말고(瓜田不納履, 과전불납리), 자두나무 아래서 갓을 고쳐 쓰지 마라(李下不整冠, 이하부정관)"는 선현들의 가르침을 귀담아 들어야 한다. 평소에 불필요한 오해를 불러일으킬 수 있는 말과 행동을 스스로 자제해야 한다.

"아는 바가 어려운 게 아니다. 어떻게 처신하느냐가 어렵다."

인간은 만물의 영장이지만 '이기적인 유전자'가 배태된 자기중심적이고 때로 파렴치한 동물이기도 하다. 잠재된 본성을 바꾸어 다른 사람을 먼저 배려하는 자세로 이타주의를 실천하기 위해서는 끊임없는 자기 수련과 별도의 교육이 필요하다. 그 대안으로 인간 본성에 대한 성찰과 삶의 원리나 본질을 포섭하고 있는 (동양) 고전에 대한 진지한 탐구를 통해 직장 생활에 적용하면 아직 희망이 있다.

논어를 관통하는 핵심 단어 하나를 꼽으라면 '인(仁)'이다. 논어에는 '인(仁)'자가 109번이나 언급된다. 仁은 곧 사람에 대한 존

중과 사랑이다. 사람을 존재 그 자체로 인정하고 사랑하는 마음이 仁의 밑바탕에 깔려 있다. 사람 중심 주의이며, 그 범위가 확장되어 나를 넘어선 타인 중심 주의에 이르게 된다. 자신보다 남을 더 배려하는 마음과 행동이 仁이다.

사람이 홀로 살아가는 세계에서는 仁의 개념과 바람직한 의미가 퇴색된다. 사람은 다른 사람과 더불어 인간(人間)으로 공존하는 운명적인 존재이다. 무한 경쟁 시대에 회사의 동료들은 생사고락을 같이하는 운명 공동체이다. 사람과 사람 사이를 관심과 사랑으로 채워주어야 비로소 사람다운 삶을 살아 낼 수 있고 합심하여 회사에서 제시한 팀 전체 목표를 달성할 수 있다.

인(仁)하는 태도나 자세의 근저에는 어떤 마음들이 담겨져 있을까? 성악설을 주창한 순자와 달리, 맹자는 기본적으로 성선설을 고수한다. 사람은 기본적으로 선하다는 전제하에 사람으로서 지녀야 할 마음을 네 가지 개념과 유형으로 제시하고 있다. 아래 네 가지 마음(四端之心)이 없으면 사람이 아니라고 강조한다.

측은지심(惻隱之心)이란 남의 부족한 점을 보고 불쌍하게 여기는 마음이다. 수오지심(羞惡之心)은 자신이 잘못을 저질렀을 때 부끄러움을 느끼는 마음이다. 사양지심(辭讓之心)은 양보하는 마음이며, 시비지심(是非之心)은 옳고 그름을 따질 줄 아는 마음이다. 이 가운데서 특히 측은지심(惻隱之心)을 仁의 직접적인 근거로 강조한다. 타인의 입장을 이해하고 배려하는 마음이 없으면 사람이 아니라고 단언한다.

　귀감(龜鑑)은 앞날을 내다보는 '귀(龜)'와 아름다움과 추함을 비
쳐주는 거울을 뜻하는 '감(鑑)' 앞에서 자신을 돌아보아 올바로 잡
는다는 의미로 처신과 관련된 고사성어다. 상황에 맞는 적절한
말과 행동으로 남에게 '귀감'이 되는 사람이 되기를 소망한다.

에/필/로/그

1997년 IMF 이후, 기업의 구조 조정이 상시화된 이후로 평생 직장 개념이 점점 희미해지고 있다. 거기다 코로나 19라는 예측 불허의 대변수의 등장으로 라이프스타일이 변혁 수준으로 바뀌고, 위드 코로나라는 슬로건과 함께 포스트 코로나 시대는 새로운 국면으로 접어들고 있다.

그 와중에 투잡이란 용어가 무색할 만큼 N잡러라는 말이 유행처럼 번지더니 이제는 직장인을 대변하는 하나의 트렌드가 되었다. 직장 생활만으로도 힘든데, 또 다른 일을 해서 부가적인 수입을 얻을 수 있다니 그분들의 열정이 부럽다.

누구는 재테크를 잘해서 제2의 월급을 벌고 있고, 코인으로 대박을 터트린 사람들의 성공담도 심심찮게 들려온다. 그러면서도 부동산 가격은 하늘을 찌를 만큼 올랐고, 내 집 마련을 위한 대출마저 막힐 것 같아 숨이 막힐 지경이기도 하다.

앞서 언급한 현상들을 한 꺼풀만 벗겨서 그 속을 들여다보면 '직장인의 불안'으로 갈음할 수 있다. 한 금융 기관이 심층 조사한 대한민국 직장인 보고서에 의하면, 대한민국 직장인들의 가장 큰 걱정거리는 연령을 막론하고 '노후 불안'이다.

대한민국 직장인들은 매일 겪고 있는 '현재의 불안'과 조만간 도래할 '노후 불안'을 최소화하기 위해 본업 외에 부업거리를 찾고, 나름 재테크를 하고, 자기계발을 한다. 직장인의 90%가 인풋을 중심으로 배우고 일하다 보니 소중한 시간과 돈을 낭비하고 있다.

필자는 직장인으로서 위기 의식이 느껴질 때마다 거의 습관적으로 영어 학원에 등록하고, 중단하고, 다시 시작하는 시행착오를 겪었다. 그 와중에 아웃풋의 중요성을 실감하고, 그 덕분인지 《아웃풋 비즈니스 영어》란 책을 써서 이 책의 후속 작품으로 출간할 예정이다. 여러분은 직장에서 위기감이 몰려 올 때 자신도 모르게 '어떤 행동'을 하는지 자신을 살펴보기 바란다.

불안으로 인한 스트레스를 해소하기 위해 지인들과 음주 가무도 때로 필요하지만, 여기서 말하는 '어떤 행동'이란 소비적인 성격보다 나름 생산적인 성격의 행동들을 말한다. 소위 자기계발이라는 미명하에 우리가 시간과 돈, 에너지를 쏟아 붓는 일련의 의사 결정과 행동 양식이나 패턴이다.

필자가 직장인이나 1인 기업, 지식 창업 등을 준비하는 분들을 대상으로 강연할 기회나 칼럼 기고 의뢰가 들어오면 일성으로 외치는 말 한 마디가 있다.

"언제까지 공부*(인풋)*만 하고 있을 것인가?"

그분들을 위한 질문이라기보다는 필자 자신을 위한 성찰의 질문이기도 하다. 수천만 원의 자기계발 비용을 쓰고, 20년 가까운 세월이 지난 후에 필자가 내린 결론과 제언은 '아웃풋을 염두에 두고 자기계발을 하라'는 한 마디다.

필자가 아웃풋을 그토록 강조하는 이유는 뇌가 아웃풋을 하는 과정에서 지식을 장기 기억에 보존하고 필요할 때 꺼내 쓸 수 있기 때문이다. 아웃풋의 기본은 '말하기'와 '쓰기'이지만 가장 중요한 것은 '행동하기'이다. 인간의 변화는 행동하지 않으면 절대로 불가능하다.

자기계발을 하면서 가장 경계해야 할 첫 번째 덕목은 불안감이 엄습할 때 스멀스멀 올라오는 관습이나 습관을 끊어버리라는 것이다. 습관처럼 영어 공부를 다시 시작하고, 온라인 교육 과정을 신청하고, 자기계발 모임에 등록하는 것을 경계하라. 결코 하지 말라는 의도가 아니다. 이 시점에서 왜 그런 자기계발이 필요한지, '왜'를 3번만 생각하고 시작해도 늦지 않다.

자기계발을 하면서 가장 경계해야 할 두 번째 덕목은 남들이 좋다고 무턱대고 분위기에 휩쓸려 자기 자신의 현재 수준이나 목표와 무관하게 자기계발에 지름신을 내리지 말라는 것이다.

예를 들어 몇 년 전부터 자기계발 업계에 책 쓰기 열풍이 불어 '누구나 마음만 먹으면 책을 써서 억대 연봉을 벌 수 있다'는 과도한 마케팅과 그래도 '책을 못 쓰면 결국 네 탓'이라는 희망 고문이 유행이다. 자신만의 콘셉트도 잡히지 않은 상태에서 고가의 책 쓰기 과정에 등록하는 우를 범하지 말라는 의미다.

자기계발을 하면서 가장 경계해야 할 세 번째 덕목은 현재 다니고 있는 직장에서 배우고 익힌 스킬들이 인생 2막을 열고 부업을 하는 데 자양분이 된다는 점이다. 회사 일 따로, 직장 일 따로 하지 말고 회사에서 성과를 내는 부분과 연계된 자기계발을 통해 시너지가 날 수 있도록 의식적으로 시간과 돈과 에너지를 배분하기 바란다.

우리가 자기계발 자체에 매몰되지 않고, 아웃풋을 효과적으로 잘한다면 일을 상대적으로 적게 하면서도 업무 효율을 높이고 인생을 좀 더 여유롭게 즐길 수 있다. 그동안 인풋에 치중한 자기계발을 해왔다면 오늘부터라도 아웃풋 스타일로 변화하여 성과도 내고 행복한 삶을 영위할 수 있기를 기원한다.